Der Tritt auf das Antlitz Christi

Klaus Lerch

Der Tritt auf das Antlitz Christi

Die *e-fumi*-Zeremonie in Japan

Die deutsche Nationalbibliothek verzeichnet diese Publikation in der Deutschen Nationalbibliographie. Detaillierte bibliographische Daten sind im Internet über http://d-nb.de abrufbar.

Zugleich in leicht abweichender Form Bachelor-Arbeit an der Heinrich-Heine-Universität Düsseldorf unter dem Titel „Die *e-fumi*-Zeremonie als Werkzeug zur Christenverfolgung und Untertanenkontrolle im Japan der Edo-Zeit – Europäische Wahrnehmung und Beteiligung“, 2017

Umschlagabbildung: Kawahara Keiga, *e-fumi*-Zeremonie, ca. 1830

Abdruck der Fotografien auf Seite 29 mit freundlicher Genehmigung des Forschungs- und Informationszentrums im Nationalmuseum Tōkyō (東京国立博物館)

ISBN 978-3-945058-18-3

Herstellung: Books on Demand GmbH, Norderstedt

Inhalt

1 Einleitung ... 7

2 Forschungsstand und Quellen ... 12

3 Die *e-fumi*-Zeremonie als Werkzeug zur systematischen Verfolgung japanischer Christen ... 16
3.1 Historische Entwicklung ... 16
3.1.1 Entstehung am Höhepunkt der Christenverfolgung ... 16
3.1.2 Systematisierung der Christenverfolgung und Untertanenkontrolle ... 21
3.1.3 Bedeutungsverlust und Abschaffung ... 25
3.2 Merkmale der *e-fumi*-Zeremonie ... 27
3.2.1 Tretbilder ... 27
3.2.2 Ablauf der Zeremonie ... 32
3.3 Wirkung auf japanische Christen ... 36

4 Europäische Begegnungen mit der *e-fumi*-Zeremonie ... 40
4.1 Missionare ... 40
4.1.1 Bestätigung der Apostasie ... 40
4.1.2 Apostaten als Unterstützer der Inquisition ... 45
4.2 Angehörige der europäischen Handelsorganisationen ... 50
4.2.1 Glaubensprüfungen für Seeleute und Faktoreimitarbeiter ... 50
4.2.2 Mitarbeiter der Niederländischen Ostindien-Kompanie als Unterstützer der Inquisition ... 61

5 Die *e-fumi*-Zeremonie in den Schriften der Mitarbeiter der Niederländischen Ostindien-Kompanie 63
5.1 Die *opperhoofden* auf Deshima im 17. und 18. Jahrhundert 63
5.2 Der empörte Christ: Georg Meister 65
5.3 Der rationale Wissenschaftler: Engelbert Kaempfer. 71
5.4 Der patriotische Kaufmann: Hendrik Doeff 79

6 Zusammenfassung 86

7 Anhang 91
7.1 Quellenverzeichnis 91
7.2 Literaturverzeichnis 101
7.3 Register 115

1 Einleitung

Als mit dem Eintreffen einer Gruppe von Jesuiten um Francisco Xavier[1] in Kagoshima auf Kyūshū[2] im Jahre 1549 die Verbreitung des Christentums auf japanischem Boden begann, war das Land ein Flickenteppich aus Herrschaftsgebieten, deren Fürsten sich um Macht und Einfluss stritten.[3] Dass die christliche Lehre sich in den folgenden Jahrzehnten ausbreiten konnte, lag nicht zuletzt daran, dass im Gefolge der Missionare portugiesische und spanische Händler nach Japan kamen, die den lokalen Herrschern den Zugang zu Feuerwaffen sowie Reichtum aus Handelsgeschäften und damit Vorteile in den Hegemonialkämpfen versprachen.[4] Nach der Reichseinigung am Beginn des 17. Jahrhunderts und ausgelöst durch die Angst der wiedererstarkten Shōgune vor inneren Unruhen und der Kolonisierung Japans durch europäische Mächte, kam es zu einer an Intensität zunehmenden Verfolgung des Christentums, in deren Verlauf die Missionare das

---

[1] Alle Namen sind in der Schreibweise der ersten Quelle angegeben, in der die jeweilige Person erwähnt wird. Japanische Namen sind in der in Japan üblichen Reihenfolge wiedergegeben, das heißt zuerst der Nachname, dann der Vorname.

[2] Bei japanischen Namen und Begriffen werden die in der Literatur gängigen Transkriptionen nach dem Hepburn-System verwendet.

[3] Vgl. Murakami (1940) I; Elison (1991 [1973]) 1.

[4] Vgl. Breen & Williams (1996) 1; Winnerling (2014) 181-185.

Land verlassen mussten.[5] Durch die Ausweisung der portugiesischen und spanischen Händler und die Verlagerung der niederländischen Handelsniederlassung auf die streng kontrollierte Insel Deshima sollte Japan gegenüber europäischen Einflüssen weitgehend abgeschlossen werden.[6]

Studien zur *sakoku*-Politik[7,8] des *bakufu*[9] haben gezeigt, dass das im 17. und 18. Jahrhundert entstandene Bild vom „abgeschlossenen Japan", insbesondere im Hinblick auf den Waren- und Wissensaustausch, revidiert werden muss.[10] Dagegen wird von der Forschung nicht in Frage gestellt, dass in der Edo-Zeit[11] durch die Maßnahmen des *bakufu* der Zugang des katholischen Europa nach Japan verhindert und alle vorhandenen christlichen Einflüsse im Land ausgemerzt werden sollten.[12] Doch auch die Christenverfolgung war keine rein innerjapanische Angelegenheit. Auch bei diesem Aspekt zeigte sich, dass es in der Zeit der vermeintlichen Landesabschließung zu einer Wechselwirkung

---

5 Vgl. Jennes (1973) 114-121; Ōhashi (1996) 46; Higashibaba (2001) 127.

6 Vgl. Goodman (1986) 11-14; Hesselink (2002b) 10-14.

7 Politik der Landesabschließung (1639-1854).

8 Fremdworte sind, wie auch Werktitel, kursiv gesetzt. Ausgenommen von der Kursivsetzung sind japanische Begriffe, die in den deutschen Wortschatz eingegangen sind.

9 Shōgunatsregierung.

10 Vgl. Goodman (1986) 1; Hesselink (2002b) 3, 170; Mochizuki (2009) 77 FN 34; Osterhammel (2006) 26; Screech (1996) 1.

11 Zeit des Tokugawa-Shōgunats (1603-1868).

12 Vgl. Turnbull (1998) 43.

zwischen Europa und Japan kam. Die Arbeit der Missionare hatte Spuren in der japanischen Gesellschaft hinterlassen, die sich bis zum Ende der Tokugawa-Herrschaft nicht beseitigen ließen.[13] Auch nach dem Verbot des Christentums gaben vereinzelte Missionare ihre Versuche nicht auf, die Arbeit im Verborgenen fortzusetzen. Bis ins 18. Jahrhundert hinein versuchten katholische Glaubensbrüder, aus Macao und den Philippinen kommend, in Japan Fuß zu fassen.[14] Für die verschiedenen europäischen Handelsorganisationen, die sich in der Edo-Zeit um Geschäfte mit Japan bemühten, war das Bekenntnis zur Religionszugehörigkeit der entscheidende Erfolgsfaktor. Die Sieger im Gerangel um wirtschaftlichen Einfluss waren die Niederländer, die sich in der entscheidenden Phase glaubhaft vom Katholizismus distanzieren konnten.[15] Nach dem Verstummen der Missionare und dem Abzug der englischen, spanischen und portugiesischen Händler nahmen die auf Deshima stationierten Mitarbeiter der niederländischen Handelsorganisation für mehr als zweihundert Jahre die Rolle der europäischen Beobachter und Berichterstatter zur Christenverfolgung in Japan ein.[16]

Die Werkzeuge der japanischen Inquisition waren vielfältig. Die Glaubensüberprüfung der japanischen Bevölkerung, bei der eine Reihe speziell entwickelter

---

[13] Vgl. Breen & Williams (1996) 2.

[14] Vgl. Elison (1991 [1973]) xi.

[15] Vgl. Hesselink (2002b) 7-8.

[16] Vgl. Hesselink (2005) 515-516; van der Velde (1990) 102-104.

Foltermethoden zum Einsatz kam, war eingebettet in ein ausgeklügeltes System zur Untertanenkontrolle.[17] In dem Repertoire der inquisitorischen Maßnahmen nahm die *e-fumi*-Zeremonie,[18] das Treten christlicher Symbole mit den Füßen, eine besondere Rolle ein, da bei dieser Methode zunächst auf physische Gewaltanwendung verzichtet und stattdessen psychischer Druck auf mögliche Anhänger des christlichen Glaubens ausgeübt wurde.[19] Im Folgenden soll die *e-fumi*-Zeremonie einer vertieften Betrachtung unterzogen werden. Die Analyse wird sich von der Frage leiten lassen:

Welche Bedeutung hatte die *e-fumi*-Zeremonie im System der Christenverfolgung und Untertanenkontrolle des Tokugawa-Staates sowie für die Wechselwirkung zwischen Europa und Japan in der Edo-Zeit?

Dabei gilt mein Interesse besonders der aktiven und passiven Beteiligung der Europäer an der Zeremonie und deren persönlicher Wahrnehmung und Beurteilung. Zur Beantwortung der übergeordneten Frage sollen deshalb folgende Teilaspekte geklärt werden:

Wie entstand die *e-fumi*-Zeremonie?

Welche Funktion nahm die *e-fumi*-Zeremonie im Verfolgungs- und Kontrollsystem des Tokugawa-Staates

---

[17] Vgl. Jennes (1973) 140-143, 165-168.
[18] Zeremonie des Bildtretens.
[19] Vgl. Jennes (1973) 166.

ein und inwieweit war diese Funktion Wandlungen unterzogen?

Wie genau lief die *e-fumi*-Zeremonie ab und welche Wirkung erzielte sie bei japanischen Christen?

Mussten sich Europäer, die sich in der Edo-Zeit in Japan aufhielten, der *e-fumi*-Zeremonie unterziehen?

Waren sie aktiv in das System der Christenverfolgung und in die Ausübung der *e-fumi*-Zeremonie eingebunden?

Wie haben Europäer die *e-fumi*-Zeremonie vor Ort beobachtet?

Wie wurden ihre Berichte in Europa rezipiert?

2 Forschungsstand und Quellen

Die grundlegenden Arbeiten zur Geschichte der katholischen Kirche in Japan von Boxer,[20] Jennes[21] und Elison[22] enthalten wertvolle Informationen zum historischen Kontext. Die Autoren gingen jedoch nur oberflächlich auf die *e-fumi*-Zeremonie ein. Geschichtswissenschaftler der Societas Jesu haben sich ausführlicher mit der Thematik befasst. Hervorzuheben sind die Arbeiten von Cieslik[23] bzw. Voss und Cieslik,[24] die eine Vielzahl übersetzter japanischer Quellen mit Bezug zur *e-fumi*-Zeremonie enthalten. Die Autoren zielten jedoch in erster Linie darauf ab, die Schicksale der japanischen Christen und der europäischen Missionare aufzuklären. Auf die Rolle der Niederländer und auf die Informationsflüsse zwischen Japan und Europa gingen sie nur am Rande ein. Einzelne Vorgänge beim Kontakt der Niederländer mit den japanischen Inquisitionsbehörden wurden von Hesselink[25] detailliert untersucht. Bei jüngeren Untersuchungen zur *e-fumi*-Zeremonie von Mochizuki[26] und Kaufmann[27] standen kunsthistorische Aspekte im Mittelpunkt. Die Arbeiten enthalten auch einige Details zum historischen Kon-

---

[20] Siehe Boxer (1993 [1951]).
[21] Siehe Jennes (1973).
[22] Siehe Elison (1991 [1973]).
[23] Siehe Cieslik (1951b, 1959, 1974).
[24] Siehe Voss & Cieslik (1940).
[25] Siehe Hesselink (2002a, 2002b, 2016).
[26] Siehe Mochizuki (2009).
[27] Siehe Kaufmann (2004, 2010).

text, die ich jedoch nur mit Vorsicht verwendet habe, da einige Aussagen nicht ausreichend durch Quellen belegt wurden. Die Berichte der Angehörigen der niederländischen Handelsorganisation zur *e-fumi*-Zeremonie waren bislang noch nicht Gegenstand einer systematischen Untersuchung. Auch fand der Abschnitt zur *e-fumi*-Zeremonie in Engelbert Kaempfers Japanschrift[28] in der umfangreichen Sekundärliteratur zu diesem Werk bislang keine Beachtung.

Wichtigste Primärquellen für die eigene Untersuchung waren die Schriften von Georg Meister,[29] Engelbert Kaempfer[30] und Hendrik Doeff,[31] die sich im 17. bzw. 19. Jahrhundert in Diensten der *Vereenigden Oostindischen Compagnie*[32] (*VOC*) mehrere Jahre in Japan aufhielten. Ihre Werke enthalten die ausführlichsten Schilderungen der *e-fumi*-Zeremonie durch europäische Autoren. Darüber hinaus stand die Auswertung der *daghregister*-Eintragungen[33] der niederländischen *opperhofden*[34] auf Deshima im Mittelpunkt meiner Analyse. Bei der Prüfung der *daghregister* habe ich ausschließlich auf die in gedruckter Form in niederländischer oder englischer Sprache vorliegenden Texte zurückgegriffen, das heißt auf die vollständigen Versionen für die Jahre 1633 bis

---

[28] Siehe Kaempfer (1727c).
[29] Siehe Meister (1692).
[30] Siehe Kaempfer (1727c).
[31] Siehe Doeff (1833).
[32] Niederländische Ostindien-Kompanie.
[33] Tagebucheintragungen.
[34] Faktoreileiter.

1651[35] bzw. auf Auszüge für den Zeitraum von 1641 bis 1670 und 1680 bis 1800.[36] Die Auszüge aus den *daghregistern* wurden in jahrzehntelanger Arbeit von einer Forschergruppe um Blussé und Viallé übersetzt und verschlagwortet, um diese Quelle einfacher für wissenschaftliche Auswertungen zugänglich zu machen.[37] Da die Ergebnisse dieses noch nicht abgeschlossenen Projekts fast den gesamten für die Fragestellung relevanten Zeitraum abdecken, habe ich auf die Auswertung der im *Nationaal Archief* in Den Haag befindlichen Sammlung der originalen *daghregister* verzichtet.

Eine Fundgrube für frühe europäische Berichte über Japan mit Bezug zur *e-fumi*-Zeremonie war die kommentierte Quellensammlung von Kapitza.[38] Die umfangreichste Auflistung derartiger Berichte enthält die Arbeit von Shimada und Shimada.[39] Die Zusammenstellung erwies sich jedoch als unvollständig. Des Weiteren wurden japanische Quellen in deutscher oder englischer Übersetzung verwendet. Als wichtigstes Beispiel sei das *Kirishito-ki*,[40] die von den ersten Leitern der japanischen Inquisitionsbehörde erstellte Doku-

---

[35] Siehe Historiographical Institute (1974a, 1974b, 1977, 1981, 1984, 1986, 1989, 1993, 1999, 2003, 2007, 2013).

[36] Siehe Blussé(2004); Blussé & van der Velde (1989, 1990, 1991); van der Velde & Bachofner (1992); Vermeulen (1986, 1989, 1990, 1993, 1994); Viallé (1996, 1997a, 1997b, 2005); Viallé & Blussé (2010).

[37] Für nähere Informationen zu diesem Projekt siehe van der Velde (1990); Hesselink (2005).

[38] Siehe Kapitza (1990a, 1990b).

[39] Siehe Shimada & Shimada (1994).

[40] Siehe Inoue & Hōjō (1670).

mentensammlung zur Methodik der Christenverfolgung, genannt.

3 Die *e-fumi*-Zeremonie als Werkzeug zur systematischen Verfolgung japanischer Christen

3.1 Historische Entwicklung

3.1.1 Entstehung am Höhepunkt der Christenverfolgung

Schon bald nach seiner Ankunft in Japan im Jahre 1549 realisierte Francisco Xavier, dass bildlichen Darstellungen aufgrund der hohen Sprachbarriere eine besondere Bedeutung für die Propagierung der christlichen Religion zukamen.[41] Auch in den Abschlussdokumenten zum Konzil von Trient wurde 1563 auf die didaktische Wirkung von Devotionalien hingewiesen und ihre intensive Nutzung bei der Missionsarbeit gefordert.[42] Unter Alessandro Valignano errichteten die Jesuiten im Jahre 1583 in Arima eine Kunstakademie, die fortan den zunehmenden Bedarf an christlichen Objekten durch lokale Produktion decken sollte.[43] Japanische Christen entwickelten eine tiefe Verehrung für Devotionalien, die für sie den christlichen Gott symbolisierten und denen sie heilende und Wunder bewirkende Eigenschaften zusprachen.[44] So konnten in den ersten Jahrzehnten der Missionierung unter Verwendung ge-

[41] Vgl. Gutiérrez (1971) 147; Bailey (1999) 59-60; Cooper (1996) 32; Higashibaba (2001) 29.

[42] Vgl. Turnbull (1998) 90.

[43] Vgl. Bailey (1999) 66; Cooper (1996) 34-35.

[44] Vgl. Turnbull (1998) 100, 104.

weihter Kreuze, Amulette und Bilder beachtliche Erfolge erzielt werden.[45]

Die christliche Missionierung wurde in den letzten Jahrzehnten der *sengoku*-Periode[46] von vielen *daimyō*[47] und später auch von Oda Nobunaga, dem ersten der drei Reichseiniger, unterstützt.[48] Die Rahmenbedingungen änderten sich nach der Machtübernahme durch Toyotomi Hideyoshi, der im Jahre 1587 ein Edikt zur Ausweisung der Missionare erließ und damit den Prozess der Unterdrückung der christlichen Religion in Japan einleitete.[49] Die Verordnung wurde zunächst nur zögerlich umgesetzt, da auch Hideyoshi nicht auf die attraktiven Handelsgeschäfte mit den Spaniern und Portugiesen verzichten wollte, die die Missionierung begleiteten.[50] Erst nach dem San-Felipe-Zwischenfall im Jahre 1596 zog Hideyoshi die breit angelegte Verfolgung der japanischen Christen in Erwägung. Zu dieser Zeit soll Mayeda Gen-i, der *bugyō*[51] von Kyōto, vorgeschlagen haben, die Wirkkraft von Devotionalien zur Identifizierung japanischer Christen zu nutzen.[52] Sein

---

[45] Vgl. Mochizuki (2009) 76 FN 30; Elison (1991 [1973]) 54-55. Die Zahl der Konvertiten erreichte um 1610 ihr Maximum von ca. 300.000 (vgl. Boxer (1993 [1951]) 321-322, 360).

[46] Zeit der kämpfenden Länder (1477-1573).

[47] Lehensfürsten.

[48] Vgl. Reimers (2000) 34-35; Murakami (1940) I; Higashibaba (2001) 126.

[49] Vgl. Anesaki (1930) 13; Elison (1991 [1973]) x.

[50] Vgl. Reimers (2000) 37.

[51] Gouverneur.

[52] Siehe Murdoch (1926) 302; Murdoch (1903) 362-363. Diese erste Erwähnung der *e-fumi*-Zeremonie ist zweifelhaft.

Vorschlag, das Treten auf christliche Objekte als Glaubenstest einzuführen, soll jedoch nicht umgesetzt worden sein, da Hideyoshi schließlich doch von einer organisierten Verfolgung absah und sich mit der Hinrichtung von 26 Christen in Nagasaki als abschreckende Maßnahme sowie lokal begrenzten Verfolgungsmaßnahmen in der Provinz Bungo und auf der Insel Hirado begnügte.[53] Zu einer breiter angelegten Verfolgung kam es erst unter Tokugawa Ieyasu, der 1614 ein umfassendes Edikt zur Ausweisung aller Missionare, zur Zerstörung der christlichen Kirchen und zur Rekonversion aller japanischen Christen erließ, nachdem er mit den Niederländern und Engländern nichtkatholische Alternativen für den Handel mit europäischen Waren gefunden hatte.[54]

Unter Tokugawa Iemitsu erreichte die Christenverfolgung in den Jahren 1627 bis 1634 ihren Höhepunkt an Brutalität.[55] Der niederländische Protestant Reyer Gysbertszoon stand von 1622 bis 1629 in Diensten der *VOC*

Murdoch hat den Vorgang, der in der sonstigen Forschungsliteratur bislang keine Berücksichtigung fand, mit einem Zitat aus einer japanischen Quelle belegt, ohne deren Verfasser zu benennen. Er selbst stellte die Rolle von Mayeda Gen-i infrage, indem er darauf hinwies, dass dieser in den Briefen der Missionare als ein wichtiger Beschützer der Jesuiten dargestellt wurde.

[53] Siehe Murdoch (1926) 302-303).

[54] Vgl. Hesselink (2002b) 11; Jennes (1973) 116.

[55] Vgl. Hall (1991) 368; McOmie (2005) 33; Jennes (1973) 138-140. Die Zahl der Opfer der Christenverfolgung soll zwischen 40.000 und 50.000 betragen haben (siehe Breen & Williams (1996) 2).

in Japan und war dort Augenzeuge der Verfolgungsmaßnahmen gegen die Christen.[56] Sein Bericht enthält eine detaillierte Beschreibung der Folter- und Hinrichtungsmethoden, die von den japanischen Inquisitoren praktiziert wurden.[57] Die Ausführungen des Niederländers bestätigen frühere Schilderungen in Jesuitenbriefen.[58] An keiner Stelle in Gysbertszoons Bericht findet sich ein Hinweis auf die Anwendung der *e-fumi*-Zeremonie, die in dieser Zeit wohl noch nicht zum Repertoire der Verfolgungsbeamten gehörte. Zumindest war sie noch nicht sichtbar für westliche Beobachter wie Gysbertszoon. Dieser wies aber bereits auf einen Strategiewechsel der Inquisitoren hin.[59] Stand in den ersten Jahren der Verfolgung die Tötung identifizierter Christen im Vordergrund, war seit 1627 auf Veranlassung des *bugyō* von Nagasaki, Mizuno Kawachi-no-kami, deren öffentliches Abschwören vorrangiges Ziel. Durch das Beispiel der Apostaten wollte man andere Christen, die bislang die Märtyrer für ihre Tapferkeit und Glaubensfestigkeit bewundert und verehrt hatten, demoralisieren und dazu bringen, ebenfalls dem christlichen Glauben abzuschwören.[60] Um dieses Ziel zu erreichen, wurden neue Foltermethoden entwickelt, unter denen sich der Ritt auf dem Holzpferd (*mokuba*) und das Kopfüberhängen in der Grube (*ana-tsurushi*)

---

[56] Vgl. Lach & van Kley (1993b) 1854-1855.

[57] Siehe Gysbertszoon (1637).

[58] Vgl. McOmie (2005) 34.

[59] Siehe Gysbertszoon (1637) 504-505.

[60] Vgl. Jennes (1973) S. 140; Turnbull (1998) 34-36.

als am wirkungsvollsten erwiesen.[61] Zum Beweis des Abfalls vom christlichen Glauben mussten die Apostaten öffentlich japanische Gottheiten anbeten,[62] schriftlich einen doppelten Eid ablegen[63] und mit den Füßen auf christliche Objekte treten.[64] Wann genau und durch wen die *e-fumi*-Zeremonie eingeführt wurde, ist umstritten. Ich folge Voss und Cieslik, die die Einführung auf das Jahr 1629 datierten und sich dabei auf japanische Quellen beriefen.[65] Initiator war wohl Takenaka Uneme-no-sho, der für die Entwicklung und Durchführung der inquisitorischen Maßnahmen verantwort-

---

61 Vgl. Cieslik (1974) 11-12; Boxer (1993 [1951]) 353, 392; Cieslik (1950b) 259-261. Die *ana-tsurushi*-Methode soll 1632 von Takenaka Uneme-no-sho eingeführt worden sein, der das Amt des *bugyō* von Nagasaki von 1629 bis 1632 innehatte (siehe Boxer (1993 [1951]) 353). Die *mokuba*-Methode wurde erst ab 1640 praktiziert. Sie geht auf den Leiter der Inquisitionsbehörde, Inoue Masashige Chikugo-no-kami, zurück (vgl. Boxer (1993 [1951]) 392). Dieser beschrieb im *Kirishito-ki*, wie diese Methoden angewendet werden sollten, um Apostaten und keine Märtyrer zu erzeugen (siehe Inoue & Hōjō (1670) 59-60).

62 Vgl. Gysbertszoon (1637) 501.

63 Siehe Zertifikat (1645). Vgl. Schrimpf (2000) 18-19; Reimers (2000) 37-38; Higashibaba (2001) 145-147.

64 Vgl. Indijck (1661) 4; Kaufmann (2004) 309; Reimers (2000) 38.

65 Siehe Voss & Cieslik (1940) 160. Auch andere Forscher nannten das Jahr 1629 (siehe Woolley (1881) 134; Murdoch (1926) 303; McOmie (2005) 34). Alternative Datierungen decken den Zeitraum von 1624 bis 1634 ab (siehe Kaufmann (2004) 307-308; Kaufmann (2010) 143; Anesaki (1930) 20; Marega (1939) 281; Cieslik (1951b) 121; Orii (2015) 193; Montané (2012) 252; Higashibaba (2001) 144; Jennes (1973) 166).

lich war, nachdem er 1629 das Amt des *bugyō* von Nagasaki übernommen hatte.[66]

3.1.2 Systematisierung der Christenverfolgung und Untertanenkontrolle

Bis zum Ende der 1630er Jahre war die Anwendung der *e-fumi*-Zeremonie auf Christen im Raum Nagasaki und somit auf einen engen Personenkreis beschränkt. In den zwei Jahrzehnten von 1640 bis 1660 erfolgte eine schrittweise Ausdehnung auf andere Regionen Japans und auf alle Personen, auch auf Nichtchristen.[67] Damit wurde die *e-fumi*-Zeremonie zum integralen Bestandteil eines Systems zur Untertanenkontrolle, dessen Aufbau Tokugawa Iemitsu vorangetrieben und mit den *sakoku*-Edikten der Jahre 1633 bis 1639 begleitet hatte, um die Festigung des Staates im Inneren und die Abschottung von äußeren Einflüssen zu erreichen.[68]

Wichtigste Maßnahme zur Systematisierung der Christenverfolgung war im Jahre 1640 die Einrichtung des *kirishitan-shūmon-aratame-yaku,* eines zentralen Inquisitionsamts in Edo.[69] Dessen erster Leiter, Inoue

---

[66] Vgl. Turnbull (1998) 41; Montané (2012) 252; Reimers (2000) 39. Alternativ wurde Mizuno Kawachi-no-kami, der von 1626 bis 1629 *bugyō* von Nagasaki war, als Urheber der *e-fumi*-Zeremonie genannt (siehe Orii (2015) 193).

[67] Vgl. Voss & Cieslik (1940) 161; Kaufmann (2010) 141; Kaufmann (2004) 305; Jennes (1973) 167.

[68] Vgl. Elison (1991 [1973]) xi; Turnbull (1998) 40-43; Voss & Cieslik (1940) 161.

[69] Vgl. Jennes (1973) 164; Ōhashi (1996) 60.

Masashige Chikugo-no-kami, war selbst bis 1625 ein Anhänger des christlichen Glaubens.[70] Nach seiner Apostasie und dem Eintritt in die Inquisitionsorganisation qualifizierte er sich durch besonderes Geschick bei der Identifizierung japanischer Christen und große Erfolge bei der Eliminierung europäischer Missionare für diese Aufgabe.[71] Nach fast zwanzig Jahren erfolgreichen Wirkens hinterließ Inoue im Jahre 1658 seinem Nachfolger Hōjō Ujinaga Awa-no-kami mit dem *Kirishito-ki* ein schriftliches Vermächtnis, das detaillierte Erläuterungen zu Ziel und Methodik der systematischen Christenverfolgung enthielt.[72] Das System der Untertanenkontrolle stützte sich auf drei Pfeiler: die Tempelregistrierung (*shūmon-aratame-chō*), das Fünferschaftssystem zur Nachbarschaftsüberwachung (*gonin-gumi*) und die *e-fumi*-Zeremonie.[73]

Die Tempelregistrierung wurde bereits seit 1614 von ehemaligen Christen als Beleg für ihren Übertritt zum Buddhismus verlangt. In der zweiten Hälfte der 1630er Jahre wurde die Regelung auf die gesamte

[70] Vgl. Hesselink (2002b) 55; Cieslik (1959) 76; Anesaki (1938) 294; Cieslik (1957a) 23.

[71] Vgl. Anesaki (1938) 297-298; Hesselink (2002b) 56; Cieslik (1959) 76; Voss & Cieslik (1940) 4-6.

[72] Siehe Inoue & Hōjō (1670). Von Voss und Cieslik wurde darauf hingewiesen, dass Hōjō als Mitautor genannt werden sollte, da er die Sammlung seines Vorgängers um weitere Dokumente ergänzt hat (siehe Voss & Cieslik (1940) 6-7).

[73] Vgl. Jennes (1973) 165-168; Takekoshi (2004 [1930]) 87; Turnbull (1998) 41-44; Schrimpf (2000) 17-20; dos Santos (2011) 191; Nosco (1993) 22.

Bevölkerung ausgeweitet.[74] Sämtliche Haushalte wurden einem Familientempel (*danna-dera*) zugeordnet und verpflichtet, jede Veränderung im Personenstand mitzuteilen. Alle persönlichen Daten, einschließlich der Zugehörigkeit zu einer buddhistischen Schule, wurden dort registriert und in einem Zertifikat (*tera-uke*) bestätigt.[75] Die buddhistischen Priester waren aufgefordert, antichristliche Schriften zu verfassen und die religiöse Gesinnung der Gemeindemitglieder zu überprüfen, um Verdächtige zu identifizieren. Sie waren somit von Anfang an in die Überwachung der Rechtgläubigkeit und die Bekämpfung des Christentums eingebunden.[76]

Das Fünferschaftssystem war bereits von Toyotomi Hideyoshi im Jahre 1597 per Gesetz eingeführt worden.[77] Ursprünglich war das Ziel, die Sicherheit im nachbarschaftlichen Raum durch Einbindung jedes Einzelnen zu gewährleisten. Hierzu wurden Stadtbezirke und Dörfer in Gruppen von jeweils fünf Haushalten aufgeteilt, die gemeinsam für das rechtmäßige Verhalten ihrer Mitglieder verantwortlich waren. Nach der Niederschlagung des Shimabara-Aufstandes im Jahre 1638 wurde die *gonin-gumi*-Struktur in allen Provinzen des Landes fest etabliert. Fortan gehörte die Überwachung der Rechtgläubigkeit zu den wich-

---

[74] Vgl. Leuchtenberger (2013) 2-3 FN 5; Schrimpf (2000) 17; Turnbull (1998) 40-41.

[75] Vgl. Turnbull (1998) 41; Schrimpf (2000) 18; Jennes (1973) 167.

[76] Vgl. Schrimpf (2000) 15-17, 20; Jennes (1973) 168.

[77] Vgl. Cieslik (1951b) 104-105; Schüffner (1938) 31.

tigsten Aufgaben der Nachbarschaftsgruppen.[78] Die Methode war effektiv, da die Bestrafung im Falle der Entdeckung eines Christen, der nicht durch gruppeninterne Denunziation angezeigt worden war, alle Mitglieder des Kollektivs gleichermaßen traf.[79] Die Motivation, einen Nachbarn anzuzeigen, wurde durch das Aussetzen von Kopfprämien gesteigert.[80]

1659 wurde die Teilnahme an der nun jährlich ein- bis zweimal öffentlich durchgeführten *e-fumi*-Zeremonie in manchen Regionen, insbesondere auf Kyūshū, für alle obligatorisch.[81] Durch die regelmäßige Wiederholung der Zeremonie sollte die Abneigung gegen das Christentum aufrechterhalten werden.[82] Die Prozedur bekam mit der Ausdehnung des betroffenen Personenkreises auf Nichtchristen neue Funktionen. Der Tritt auf die christlichen Symbole galt nun als Nachweis der Loyalität zum Tokugawa-*bakufu* und stand generell für die Zurückweisung des europäischen Eindringens in die japanische Gesellschaft.[83] Parallel zur breiten Einführung der *e-fumi*-Zeremonie wurden neue buddhistische und shintōistische Rituale etabliert, um die alten christlichen Routinen zu überschreiben und dadurch

---

[78] Vgl. Jennes (1973) 165; Schüffner (1938) 33, 50-53.

[79] Vgl. Schüffner (1938) 46-49; Jennes (1973) 165-166; Cieslik (1950a) 190; Pacheco (1971) 92; Cieslik (1951b) 113-117.

[80] Vgl. Cieslik (1950a) 188; Jennes (1973) 165.

[81] Vgl. Jennes (1973) 167.

[82] Vgl. Voss & Cieslik (1940) 163.

[83] Vgl. Hesselink (2016) 212; Kaufmann (2004) 338; Kaufmann (2010) 144; Wachal (2011) 182.

das Ziel einer endgültigen Dechristianisierung des Landes zu erreichen.[84]

3.1.3 Bedeutungsverlust und Abschaffung

In den 1660er Jahren erreichte die *e-fumi*-Zeremonie ihren Höhepunkt an regionaler Verbreitung.[85] Die Zeremonie wurde sogar im Ausland praktiziert. So wird von Japanern in Xú Nam[86] berichtet, die sich im Jahre 1665 der *e-fumi*-Zeremonie unterziehen mussten.[87] In einigen Gegenden Japans war die Intensität der Christenverfolgung jedoch bereits vor dem Ende der Amtsperiode des Oberinquisitors Inoue abgeflaut. So ist in den Annalen des Ōmura-*han*,[88] wo man die Anwendung der *e-fumi*-Zeremonie bereits früh auf Nichtchristen ausgedehnt hatte, im Jahre 1658 vermerkt: „In den letzten Jahren seien im Gebiet von Ōmura die Tretbilder verloren gegangen, und daher seien das Bildtreten und die Religionsuntersuchung ausser Übung gekommen."[89] Die nachlässige Handhabung lag auch an dem vorausgegangenen Erfolg der Inquisitionsmaßnahmen. Es gab zu dieser Zeit in Japan nur noch wenige

---

[84] Vgl. Montané (2012) 239-240.

[85] Vgl. Jennes (1973) 167.

[86] Das Reich Xú Nam lag im Süden des heutigen Vietnam (vgl. Schatz (2015) 47).

[87] Die japanischen Christen waren unter dem Druck der Verfolgung in ihrem Heimatland im Jahre 1635 nach Xú Nam ausgewandert (vgl. Jennes (1973) 154).

[88] Vom Shōgun verliehenes Lehen an einen *daimyō*.

[89] Annalen (1658) 123.

Christen.[90] In den 1680er Jahren ließ folgerichtig die Angst vor der Verbreitung des Christentums merklich nach.[91] So berichtete auch Engelbert Kaempfer, der sich von 1690 bis 1692 in Japan aufhielt, von einem milderen Umgang mit identifizierten Christen.[92] In diesem Umfeld änderte die *e-fumi*-Zeremonie erneut ihre Bedeutung. War sie ursprünglich ein Werkzeug der Inquisition und später Teil einer Zensusmaßnahme, so wurde sie nun zu einem jährlich praktizierten Brauch.[93] Auch nach der Abschaffung des Inquisitionsamts im Jahre 1792 wurde die *e-fumi*-Zeremonie regelmäßig praktiziert. Das Ritual hatte nach wie vor eine tiefe symbolische Bedeutung und stand in einer Zeit, in der das Christentum längst keine starke Bedrohung mehr war, weiterhin für gesellschaftlichen Zusammenhalt und für politische Loyalität.[94]

Die Abschaffung der *e-fumi*-Zeremonie war bei der erzwungenen Landesöffnung in den 1850er Jahren Gegenstand der Vertragsverhandlungen zwischen Japan und den Niederlanden bzw. Japan und den USA. Die Niederländer nehmen für sich in Anspruch, die Beendigung der antichristlichen Praxis initiiert zu haben.[95]

---

[90] Vgl. Bailey (1999) 81.
[91] Vgl. McOmie (2005) 42.
[92] Siehe Kaempfer (1727c) 214-215.
[93] Vgl. Reimers (2000) 40; Cieslik (1951b) 155.
[94] Vgl. Morris-Suzuki (1998) 82; Breen (1988) 16.
[95] Vgl. Kamstra (1993) 141 FN 11; Jennes (1973) 167; Reimers (2000) 41. Russland soll sich bereits vorher erfolglos um eine Abschaffung der Zeremonie bemüht haben (siehe Cieslik (1950a) 191).

In einer Nebenvereinbarung zu ihrem Abkommen mit Japan aus dem Jahre 1857 findet sich eine dementsprechende Klausel.[96] Der Amerikaner Townsend Harris warf den Niederländern vor, die antichristliche Maßnahme lange Zeit ohne Widerspruch hingenommen zu haben.[97] In dem von ihm ausgehandelten Japanisch-Amerikanischen Freundschafts- und Handelsvertrag von 1858 bestätigte die japanische Seite, die *e-fumi*-Zeremonie bereits abgeschafft zu haben.[98] Die japanische Fassung des Vertrags enthält einen Zusatz, der die Abschaffung auf Nagasaki beschränkt, während in der amerikanischen Fassung die Abschaffung auf ganz Japan bezogen wird.[99] In einigen ländlichen Gegenden soll die Praxis bis zur endgültigen Aufhebung des Christenverbots 1873 fortgeführt worden sein.[100]

3.2 Merkmale der *e-fumi*-Zeremonie

3.2.1 Tretbilder

Für die Zeremonie wurden zu Beginn christliche Bücher oder auf Papier bzw. Stoff gedruckte Bilder verwendet, die noch aus der Jesuitenpresse stammten.[101]

---

96 Vgl. Beasley (1960) 155 FN 2.

97 Siehe Harris (1857) 466.

98 Siehe Vertrag (1858) 187.

99 Vgl. Reimers (2000) 41 FN 17.

100 Siehe Croissant & Ledderose (1993) 251. So wurde die Zeremonie z. B. in Kumamoto und Shimabara noch im Jahre 1871 praktiziert (vgl. Kaufmann (2004) 312).

101 Vgl. Hesselink (2016) 212; Croissant & Ledderose (1993) 251.

Diese nutzten sich rasch ab und mussten durch haltbarere Varianten ersetzt werden.[102] Die Lösung fand man in hölzernen Platten, in deren Mitte ein ca. 10 cm x 7 cm großes, aus Bronze gefertigtes Medaillon eingelassen war. Diese als *ita-e* [103] bezeichnete Variante (Abb. 1) wurde bis in die 1660er Jahre verwendet.[104] Typische Motive auf den Medaillons waren die Mondsichelmadonna mit Sternenkranz, die Rosenkranzmadonna, Christus mit Dornenkrone (*Ecce homo*), Christus am Kreuz sowie Pietà-Darstellungen.[105] Die Herkunft der Medaillons ist umstritten. Die Annahme, dass diese Objekte aus der Kunstakademie der Jesuiten in Arima stammten, wie Bailey vermutete,[106] ist zweifelhaft, da viele Motive typisch dominikanische und franziskanische Merkmale aufweisen. Wahrscheinlicher ist, dass die Medaillons von Missionaren ins Land gebracht und im Verlaufe der Christenverfolgung von den Inquisitionsbeamten konfisziert wurden.[107] Unzweifelhaft ist, dass die verwendeten Medaillons ursprünglich für religiöse Zwecke verwendet wurden.[108]

---

[102] Vgl. Murdoch (1926) 303; Woolley (1881) 134; Kaufmann (2004) 311.

[103] Brett-Bild.

[104] Vgl. Kaufmann (2004) 308; Croissant & Ledderose (1993) 251; Reimers (2000) 38.

[105] Vgl. Kaufmann (2004) 315-323.

[106] Siehe Bailey (1999) 78, 81.

[107] Vgl. Reimers (2000) 39; Croissant & Ledderose (1993) 252; Kaufmann (2004) 334-336; Kaufmann (2010) 157-159.

[108] Vgl. Kaufmann (2004) 334; Kaufmann (2010) 151.

Abb. 1

Tretbild (*fumi-e*) mit dem *Ecce homo*, Länge 9,5 cm, Breite 6,7 cm, Bronze und Holz, spätes 16. oder frühes 17. Jhd., Medaillon aus europäischer Fertigung, im Besitz des Nationalmuseums Tōkyō, Inv.-Nr. E0062587/C-1003

Courtesy of Tokyo National Museum

Abb. 2
Tretbild (*ita-e*) mit dem gekreuzigten Christus, Länge 18,8 cm, Breite 13,3 cm, Tiefe 1,7 cm, Messing, 17. Jhd., wurde beim Magistrat von Nagasaki gelagert, im Besitz des Nationalmuseums Tōkyō, Inv.-Nr. C0051114/C-724

Courtesy of Tokyo National Museum

Als die *e-fumi*-Zeremonie Teil der Zensusmaßnahme für alle wurde, reichte die Anzahl der vorhandenen *ita-e* nicht länger aus. Fortan wurden zusätzlich gegossene Messingplatten, die typischerweise ca. 19 cm x 14 cm x 2 cm groß und nicht in Holz eingefasst waren, für die Zeremonie verwendet. Diese Variante wird als *fumi-e*[109] bezeichnet (Abb. 2).[110] Alles deutet darauf hin, dass diese Objekte japanischen Ursprungs waren und dass sie niemals für religiöse Zwecke, sondern ausschließlich für die *e-fumi*-Zeremonie verwendet wurden. So waren die Messingstücke in einer Weise gegossen, wie dies nur in Japan üblich war. Die Motive wurden zwar im Prinzip von den Bronze-Medaillons übernommen, die Bildkompositionen waren jedoch detailärmer und perspektivisch vereinfacht. Ikonographische Details hatten die Erschaffer fehlgedeutet und deshalb verfremdet dargestellt. Auch finden sich Elemente der buddhistischen Bildsprache in ihren Werken.[111] Zur Herstellung der *fumi-e* sollen Bronzeteile aus christlichen Kirchen verwendet worden sein.[112] Die Produktion erfolgte in begrenzter Stückzahl und unter strenger Kontrolle der japanischen Behörden.[113] Die

---

109 Tret-Bild.

110 Vgl. Kaufmann (2004) 336; Kaufmann (2010) 159; Croissant & Ledderose (1993) 251-252; Reimers (2000) 33,39.

111 Vgl. Kaufmann (2010) 141,153-154; Kaufmann (2004) 331, 333.

112 Siehe Woolley (1881) 134.

113 Vgl. Reimers 2000) 39-40; Croissant & Ledderose (1993) ; Jennes (1973) 167; Kaufmann (2004) 336; Kaufmann 2010) 159.

Tretbilder wurden im *kirishitan yashiki*[114] in Edo und im Stadtkommissariat von Nagasaki streng unter Verschluss gehalten, getrieben von der Sorge, sie könnten abhandenkommen und von versteckten Christen als Devotionalien verwendet werden. Von Tsuge Shin'uemon, dem verantwortlichen Inquisitor des Oka-*han* in der Provinz Bungo, wurde berichtet, dass dieser eigene Tretbilder herstellen ließ und daraufhin in den Verdacht kam, selbst Christ zu sein.[115] Die Sorge hielt bis ins 19. Jahrhundert hinein an. Jan Cock Blomhoff, der von 1817 bis 1824 *opperhoofd* auf Deshima war, berichtete von einem japanischen Bildhauer, der verurteilt und hingerichtet wurde, nachdem er ein Tretbild hergestellt hatte, das den ursprünglichen christlichen Devotionalien außergewöhnlich wirklichkeitsgetreu nachempfunden war.[116] Nach der Abschaffung der *e-fumi*-Zeremonie im Jahre 1873 wurden die meisten der *ita-e* und *fumi-e* an das Religionsministerium in Tōkyō übergeben, von wo aus sie ins Kaiserliche Museum, das heutige Nationalmuseum in Tōkyō, gelangten.[117] Von den Tretbildern aus Stoff oder Papier ist dagegen keines erhalten geblieben.[118]

---

114 Christengefängnis.

115 Siehe Reimers (2000) 40.

116 Vgl. Legêne (1998) 201-202; Mochizuki (2009) 72.

117 Ein Exemplar befindet sich im Rautenstrauch-Joest-Museum in Köln (vgl. Reimers (2000) 41).

118 Vgl. Kaufmann (2004) 312.

3.2.2 Ablauf der Zeremonie

Aus der Anfangsphase, als die *e-fumi*-Zeremonie nur auf einen stark begrenzten Personenkreis angewendet wurde, sind nur wenige Informationen zum konkreten Ablauf der Prozedur überliefert. In japanischen Primärquellen, wie dem *Kirishito-ki*[119] und dem *Sayō-yoroku*[120] wurden solche Anwendungsfälle zwar erwähnt, auf Details gingen die Verfasser jedoch nicht ein. Der Schilderung von Hendrick Indijck, der im Januar 1661 als *opperhoofd* Augenzeuge der Folter einer Gruppe japanischer Christen wurde, kann man zumindest entnehmen, dass das alleinige Treten auf die christlichen Objekte nicht immer ausreichte, um die Apostasie zu bezeugen: „After they had trampled and spat on the popish ornaments which were set before them, they were set free [...]."[121]

Dagegen sind aus der Zeit, in der die *e-fumi*-Zeremonie als Mittel zur öffentlichen Kontrolle aller Untertanen eingesetzt wurde, durch japanische und niederländische Primärquellen detaillierte Informationen zu Ort, Zeit und handelnden Personen überliefert. Am frühesten eingeführt und am weitesten verbreitet waren die

---

[119] Siehe Inoue & Hōjō (1670) 58.

[120] Siehe Kawahara (1691) 144. Tagebuchaufzeichnungen eines von 1672 bis 1692 im *kirishitan yashiki* tätigen Inquisitionsbeamten (vgl. Voss & Cieslik (1940) 33-34).

[121] Indijck (1661) 4. Der Vorgang wurde auch von dem deutschen Gelehrten Erasmus Francisci beschrieben, der sich in seiner Schrift zwar auf Indijck berief, das Ereignis jedoch in den Oktober 1661 verlegte (siehe Francisci (1670) 781).

systematischen Untersuchungen in den Gegenden Kyūshūs, in denen das Christentum zuerst Fuß gefasst hatte. In den Quellen sind die Provinzen Hizen und Bungo sowie die darin befindlichen *han* Shimabara, Hirado, Ōmura, Karatsu und Usuki, die Stadt Nagasaki sowie die Gotō-Inseln explizit genannt.[122] In den Städten wurden die Viertel nacheinander überprüft und die Tretbilder von Haus zu Haus getragen.[123] In den ländlichen Gegenden fand die Zeremonie entweder beim Gemeindevorsteher, am buddhistischen Tempel oder im Haus eines Samurai bzw. im Schloss des *daimyō* statt.[124]

Einer Untersuchungsordnung des Ōmura-*han* aus dem Jahre 1675 kann man entnehmen, dass das Bildtreten bis 1672 zweimal pro Jahr im Frühjahr und Herbst durchgeführt wurde. Danach fand es einmal jährlich im Zusammenhang mit den Neujahreszeremonien statt.[125] Die Dauer war nicht festgelegt und konnte von Jahr zu Jahr und von Region zu Region variieren. Georg Meister, der während seiner Japanaufenthalte zwischen 1682 und 1686 Augenzeuge der Untersu-

---

[122] Siehe Boockesteijn (1732) 391; Kaempfer (1727c) 234; Salmon (1727) 299; Steichen (1900) 343.

[123] Vgl. Reimers (2000) 40; Jennes (1973) 166.

[124] Vgl. Marega (1939) 281; Jennes (1973) 166; Cieslik (1951a) 28-30. Die Veranstaltungen beim Gemeindevorsteher sind durch Quellen ab 1634, im Tempel ab 1646 und im Haus eines Samurai bzw. im Schloss eines *daimyō* ab 1679 belegt (siehe Marega (1939) 281-284).

[125] Siehe Untersuchungsordnung (1675) 125. Vgl. Reimers (2000) 40; Voss & Cieslik (1940) 161.

chungen in Nagasaki wurde, berichtete davon, dass diese am zweiten Tag nach Neujahr begannen und vierzehn Tage andauerten.[126] Laut Engelbert Kaempfer, der sich nur wenige Jahre nach Meister in Japan aufhielt, war die Prozedur bereits nach sechs Tagen abgeschlossen.[127] Aus der *daghregister*-Eintragung des *opperhoofd* Pieter Boockesteijn geht für 1732 hervor, dass die Untersuchung am vierten Tag des Jahres begann und bis zum achten Tag andauerte.[128]

Verantwortlich für den Ablauf der Untersuchungen am buddhistischen Tempel waren die vorstehenden Mönche, die die Inquisitionsbehörde anschließend über die Ergebnisse unterrichten mussten.[129] Oberinquisitor Inoue hatte jedoch Zweifel an der Kompetenz der Geistlichen. Im *Kirishito-ki* äußerte er die Vermutung, dass „die Bonzen getäuscht"[130] wurden. Deshalb wurde die Verantwortung für die Glaubensüberprüfung im Laufe der Zeit immer mehr von den Mönchen auf die Beamten der Inquisitionsbehörde verlagert. Für die Untersuchungen in Nagasaki hat Engelbert Kaempfer die Zusammensetzung und Aufgaben des Inquisitionsrats beschrieben: „Die bediente dieses actus sind: der Ottona 3 Ogúmi Oja, der Fistsja, Nitzi josi und zween Monban [...]."[131] Der Stadtteilvorsteher (*ottona*) übernahm die Leitung der Untersuchungen. Zwei

---

[126] Siehe Meister (1692) 141-142.
[127] Siehe Kaempfer (1727c) 233.
[128] Siehe Boockesteijn (1732) 391.
[129] Vgl. Marega (1939) 283.
[130] Inoue & Hōjō (1670) 62.
[131] Kaempfer (1727c) 233.

Figurenträger (*monban*) transportierten die Tretbilder in einer Holzkiste von Haus zu Haus. Der Schreiber (*fistsja*) las aus einem Verzeichnis die Namen aller Angehörigen des Haushalts ab und dokumentiert im Anschluss das Ergebnis. Zur Funktion des Boten (*nitzi josi*) machte Kaempfer keine Angabe. Drei Unteraufseher (*ogumi oja*) setzten sich den zu Untersuchenden gegenüber und beobachteten den Vorgang des Tretens mit größter Aufmerksamkeit.[132] Schon ein leichtes Zittern oder Zögern, eine Erhöhung der Atemfrequenz oder ein Ausbruch von Schweiß sollten laut Anweisung des Inquisitionsamtes ausreichen, um einen versteckten Christen zu überführen.[133] Aus den Schilderungen Georg Meisters geht hervor, dass die untersuchten Personen die Bilder auf Anweisung der Beamten nicht nur treten, sondern gelegentlich auch bespucken und „mit Kothe [be]werffen"[134] mussten.

Jeder war zur Teilnahme an der Zeremonie verpflichtet. In Nagasaki wurden am ersten Tag die Stadtältesten untersucht, ab dem zweiten Tag alle anderen.[135] Für das vollständige Erscheinen waren die Haushaltsvorstände verantwortlich. Es wurde zusätzlich von dem *gonin-gumi* überwacht und bestätigt.[136] Auch Kranke und Kleinkinder waren von der Verpflichtung nicht

---

132 Siehe Kaempfer (1727c) 233.

133 Siehe Inoue & Hōjō (1670) 58. Vgl. Cieslik (1951b) 145; Mochizuki (2009) 67-70.

134 Meister (1692) 142.

135 Vgl. Reimers (2000) 40.

136 Vgl. Untersuchungsordnung (1675) 126; Meister (1692) 142; Nosco (2014) 15.

ausgenommen.[137] Letztere sollten durch ihre Teilnahme an der Zeremonie früh eine Abneigung gegen die christliche Religion entwickeln.[138] Am Ende der Prüfung eines Haushalts traten die durchführenden Beamten demonstrativ selbst auf das *fumi-e*.[139] Wenn jemand aus dringenden Gründen verreisen wollte, musste er dies vorab genehmigen lassen und anschließend beim Inquisitionsamt zur Nachprüfung erscheinen.[140]

3.3 Wirkung auf japanische Christen

Auch im Buddhismus und Shintōismus besitzen sakrale Gegenstände eine besondere religiöse Kraft. So wird eine Buddhastatue durch Ausmalen der Augen geweiht und dadurch symbolisch zum Leben erweckt.[141] Im Shintōismus gelten die *go-shintai*[142] als unantastbar, da sie als Wohnorte der Seelen der *kami*[143] betrachtet werden. Die Schändung derartiger Objekte ist für gläubige Japaner ein schweres Sakrileg.[144] Durch die intensive Verwendung von Kreuzen und Amuletten bei der Missionierung hatte sich bei den japanischen Christen auch gegenüber diesen Devotionalien

---

[137] Vgl. Boockesteijn (1732) 391; Salmon (1727) 299; Jennes (1973) 166; Cieslik (1950a) 191.

[138] Vgl. Thunberg (1793) 726; Cary (1909) 229.

[139] Vgl. Kaempfer (1727c) 233-234.

[140] Vgl. Untersuchungsordnung (1675) 126.

[141] Vgl. Gombrich (1966) 24-25.

[142] Heilige Gegenstände, die in Shintō-Schreinen die „Gottheiten“ symbolisieren.

[143] Im Shintōismus verehrte „Gottheiten“.

[144] Vgl. Turnbull (1998) 106-108.

eine starke religiöse Empfindsamkeit ausgebildet.[145] So ist es verständlich, dass sie geschockt reagierten, als das, was sie zutiefst zu verehren gelernt hatten, nun respektlos behandelt wurde.[146] Der Fuß gilt in Japan als besonders unreiner Körperteil.[147] Deshalb betrachteten japanische Christen gerade das Treten auf ein christliches Bild als Entweihung und Schändung des sakrosankten Objekts und damit als schwere Sünde.[148] Dennoch konnten sie sich der Prozedur nicht entziehen, ohne ihr Leben zu gefährden. Verweigerung oder gar Widerstand kam selten vor. Der *opperhoofd* Hendrick Indijck berichtete in einer *daghregister*-Eintragung aus dem Jahr 1663 von einer solchen Ausnahme, als eine erboste Frau einen Beamten mit Steinen bewarf, nachdem dieser sie aufgefordert hatte, auf ein Christusbild zu treten und dieses zu bespucken.[149]

Mit der Zeit entwickelten die japanische Christen Strategien, um mit dem Dilemma umzugehen. Vor ihrem Gewissen rechtfertigten sie sich damit, dass das Bildtreten nur eine formale Prozedur war, zu der sie gezwungen wurden. Sie versuchten, den äußerlichen Akt des Tretens von ihrem inneren Glauben zu trennen und sühnten die Blasphemie durch anschließende Gebete.[150] Vielleicht wurde ihnen auch bewusst, dass es sich bei den *fumi-e*, die aus profaner japanischer Pro-

---

[145] Vgl. Turnbull (1998) 89-90, 100-101, 104; oben Kap. 3.1.1.
[146] Vgl. Urubshurow (2009) 13.
[147] Vgl. Vaporis (2012) 207.
[148] Vgl. Reimers (2000) 38; Kawai (1994) 56.
[149] Siehe Indijck (1663) 69.
[150] Vgl. Jennes (1973) 201; Turnbull (1998) 41.

duktion stammten, gar nicht um geweihte Objekte handelte. Das Treten auf Mariendarstellungen fiel ihnen leichter als das Treten auf Christusfiguren. Dies lag an der Lehre der Societas Jesu, die die männliche Gottesgestalt als autoritär und strafend, die Mutter dagegen als gütig und vergebend dargestellt hatten.[151] Einige Christen betrachteten das Bildtreten als einzige Möglichkeit, ein christliches Objekt zu berühren. Sie wuschen anschließend ihre Füße oder Sandalen und tranken das aus ihrer Sicht durch diesen Akt geweihte Wasser. [152] Der Oberinquisitor Inoue äußerte im *Kirishito-ki* die Vermutung, dass insbesondere weibliche Christen die *e-fumi*-Zeremonie zur heimlichen Verehrung der Bilder nutzten.[153]

Den Inquisitionsbeamten war die öffentliche Ablehnung des Christentums, die Loyalität demonstrieren und als Beispiel für andere dienen sollte, wichtiger als die tatsächliche innere Abkehr vom katholischen Glauben.[154] Nach der Lehre der Missionare gab es dagegen keinen Unterschied in der Schwere der Sünde, ob man im Herzen abschwor oder nur zum Schein auf christliche Bilder trat. In ihren Schriften, die das Märtyrertum glorifizierten, forderten sie dazu auf, jede Form der Apostasie zu verweigern.[155] Nachdem die Inquisition

---

[151] Vgl. Turnbull (1998) 105; Breen & Williams (1996) 3.

[152] Vgl. Cary (1909) 229; Turnbull (1998) 41.

[153] Siehe Inoue & Hōjō (1670) 58. Vgl. Voss & Cieslik (1940) 58-59 FN 61.

[154] Vgl. Nosco (2014) 15; Elison (1991 [1973]) 189.

[155] Vgl. Boxer (1993 [1951]) 340; Higashibaba (2001) 148-151, 154.

jegliche missionarische Aktivität ausgemerzt hatte, hielt sich die große Mehrheit der japanischen Christen nicht länger an diese Vorgaben und nahm an der regelmäßigen *e-fumi*-Zeremonie teil.[156] So konnte das Christentum in Japan, gerade wegen dieser Missachtung der missionarischen Vorgaben, über Jahrhunderte im Verborgenen überdauern.[157]

---

[156] Vgl. Breen & Williams (1996) 3.

[157] Die Zahl der verborgenen Christen soll im Jahre 1860 40.000 betragen haben (siehe Breen & Williams (1996) 2).

4 Europäische Begegnungen mit der *e-fumi*-Zeremonie

4.1 Missionare

4.1.1 Bestätigung der Apostasie

Die Inquisitionsbehörde hatte ein besonderes Interesse daran, auch die europäischen Missionare zum Abschwören zu bringen. Gerade deren öffentlich demonstrierte Schwäche ließ sich besonders wirksam propagandistisch verwerten, um japanische Christen zur Nachahmung zu bewegen.[158] Die *e-fumi*-Zeremonie erscheint als geeignetes Mittel, den Glaubensabfall für andere sichtbar zu bezeugen. Tatsächlich sind jedoch nur wenige Informationen überliefert, die die Anwendung der Methode auf europäische Missionare belegen. Im Jahre 1631 soll ein Priester namens Carvalho den Märtyrertod erlitten haben, nachdem er sich geweigert hatte, auf ein Kreuz zu treten.[159] Das gleiche Schicksal soll im Jahre 1634 den Dominikaner Giordano und einen ihn begleitenden japanischen Ordensbruder ereilt haben, als sie sich dem Zwang zum Bildtreten widersetzten.[160]

---

[158] Vgl. Cieslik (1974) 13.

[159] Siehe Pagés (1869) 751. Pagés berief sich auf einen Bericht des aus Spanien stammenden Augustiners Joseph Sicardo aus dem Jahre 1698 (vgl. Kaufmann (2010) 145 FN 49).

[160] Siehe Pagés (1869) 808.

Nicht alle waren so standhaft wie Carvalho und Giordano. Sechs der 143 europäischen Missionare, die sich zur Zeit der Christenverfolgung in Japan aufhielten,[161] entschieden sich unter Folter gegen das Märtyrertum und für das Abschwören vom christlichen Glauben. Die Apostaten waren allesamt Jesuiten.[162] Prominentester Fall war Cristovão Ferreira, der 1609 ins Land gekommen war und 1632 die Position des Vizes-Provinzials der Ordensprovinz Japan im Jesuitenorden übernommen hatte.[163] Am 18. Oktober 1633 schwor er nach fünfstündiger Folter in der Grube ab.[164] Die Societas Jesu hatte starkes Interesse an der Klärung des für sie höchst peinlichen Vorfalls. Auf Veranlassung des Visitators Manuel Diaz, einem ehemaligen Lehrer Ferreiras, gelang es dem portugiesischen Kaufmann Manuel Mendes de Moura im Jahre 1635, Kontakt zu dem Apostaten aufzunehmen und ihn zu den

---

[161] Vgl. Boxer (1993 [1951]) 321. Abweichend findet man im *Kirishito-ki* eine Angabe von 105 europäischen Missionaren in der Zeit von 1549 bis 1661 (siehe Inoue & Hōjō (1670) 77). Laut Voss und Cieslik ist diese Zahl zu niedrig (siehe Voss & Cieslik (1940) 77 FN 106).

[162] Vgl. Boxer (1993 [1951]) 447.

[163] Vgl. Cieslik (1974) 3-10.

[164] Vgl. Cieslik (1974) 13; Elison (1991 [1973]) 190; Boxer (1993 [1951]) 390. Bei der Angabe der Dauer der Folter beriefen sich die Autoren auf frühe jesuitische Quellen. Abweichend berichtete der *opperhoofd* Pieter Anthonijsz Overtwater zehn Jahre nach dem Vorfall von einem Abschwören Ferreiras nach viertägiger Folter (siehe Overtwater (1643a) 33). Vermutlich hat sich Ferreira in seinen Gesprächen mit dem *opperhoofd* nachträglich als tapferer dargestellt, als er tatsächlich war.

Vorgängen aus dem Oktober 1633 zu befragen.[165] Mendes erläuterte in seinem Bericht an Diaz die näheren Umstände von Ferreiras Abschwören.[166] Auch andere jesuitische Autoren, wie der Belgier Cornelius Hazart und der Böhme Mathia Thanner, gingen später in ihren Schriften zur Christenverfolgung in Japan auf das Schicksal Ferreiras ein.[167]

In der Folge des Shimabara-Aufstandes wurde im Mai 1639 der Jesuit Giovanni Battista Porro durch Folter in der Grube zum Abschwören gezwungen. Der Vorgang wurde von dem Visitator Antonio Rubino in einem Bericht an den Generalsuperior in Rom beschrieben.[168] Rubinos Bericht beruht auf Informationen des portugiesischen Kapitäns Vasco Palha de Almeida, der in Nagasaki von dem dortigen Regierungskommissar Ōta Bitchū-no-kami über das Schicksal des Missionars informiert worden war.[169]

Rubino organisierte im Jahre 1642 zwei Expeditionen, die das Ziel hatten, Ferreira, der nach seiner Apostasie unter strenger Kontrolle in Nagasaki lebte, zu finden und zu befreien.[170] Die erste Gruppe, der neben drei

---

[165] Vgl. Cieslik (1974) 18-20.

[166] Siehe Mendez de Moura (1635) 20.

[167] Siehe Hazart (1678) 667; Thanner (1683) 864-865. Es ist zu vermuten, dass Mendes in beiden Fällen als Gewährsmann fungierte.

[168] Siehe Rubino (1639) 85. Vgl. Cieslik (1959) 82-86; Anesaki (1938) 293-294.

[169] Vgl. Cieslik (1959) 84.

[170] Vgl. Hesselink (2002b) 50-51.

weiteren europäischen Jesuiten[171] auch Rubino selbst angehörte, landete im August 1642 an der Küste von Satsuma. Alle Mitglieder der Expedition starben im März 1643 nach Folter in Nagasaki, wie eine d*aghregister*-Eintragung des *opperhoofd* Pieter Anthonijsz Overtwater belegt.[172] Am 27. Juni 1643 landete die zweite Rubino-Gruppe, der vier europäische Jesuiten angehörten,[173] an der Küste von Ōshima in der Provinz Chikuzen auf Kyūshū. Die Missionare wurden sofort verhaftet und zunächst nach Nagasaki, später nach Edo gebracht.[174] Nur wenige Wochen danach geriet das niederländische Schiff *Breskens,* das außerplanmäßig an der Küste von Morioka im Nordosten Japans gelandet war, in den Fokus der japanischen Inquisitionsbehörde, die die Einschleusung weiterer Missionare befürchtete. Die Schiffsbesatzung wurde verhaftet. Beide Gefangenengruppen trafen im August 1643 in Edo aufeinander. Die Niederländer um den Kapitän Hendrick Cornelius Schaep und den Kaufmann Wilhem Bijlvelt

---

[171] Alberto Meszinski aus Polen, Antonio Capece aus Italien und Diego de Morales, unbekannter Herkunft (van Elserack (1642) 107-108; Historiographical Institute (1986) 107 FN 257-258, 108 FN 263).

[172] Siehe Overtwater (1643a) 32-34. Vgl. Hesselink (2002b) 51. Es ist umstritten, ob einer oder mehrere der Missionare zwischenzeitlich vom Glauben abschworen (vgl. Jennes (1973) 170).

[173] Die Italiener Guiseppe Chiara und Francesco Cassola, der Portugiese Pedro Marques und der Spanier Alonso Arroyo (vgl. Overtwater (1643b) 48; Historiographical Institute (1989) 48 FN 169-172).

[174] Vgl. Hesselink (2002b) 49-50; Jennes (1973) 170-171.

wurden Zeugen der Verhöre und der Folter der Jesuiten.[175] Sie sollten auf Wunsch des *bakufu* der Außenwelt bestätigen, dass alle vier Missionare vom Glauben abgeschworen hatten.[176] Nach ihrer Rückkehr hielten die Niederländer ihre Erlebnisse in einem Nachbericht fest. Der niederländische Theologe und Historiker Arnoldus Montanus hat die Passagen über das Aufeinandertreffen zwischen der *Breskens*- und der Rubino-Gruppe aus dem Bericht von Bijlvelt und Schaep in seiner Schrift über Japan wiedergegeben.[177] Auch im *Kirishito-ki*[178] und in den *daghregister*-Eintragungen von Overtwater,[179] dessen Dolmetscher an den Verhören beteiligt war, finden sich Berichte über das Schicksal der zweiten Rubino-Gruppe.

In allen vorgenannten Quellen, die zum Teil detailliert auf die Umstände des Abschwörens der europäischen Missionare eingehen, ist an keiner Stelle die Anwendung der *e-fumi*-Zeremonie zur Bestätigung der Apostasie erwähnt. Bei den Jesuitenberichten über das Abschwören Ferreiras könnte man vermuten, dass der Vorgang verschwiegen wurde, um die ohnehin peinliche Angelegenheit nicht weiter zu dramatisieren. Doch auch die niederländischen und japanischen Berichte

---

[175] Vgl. Hesselink (2002b) 1-2.

[176] Vgl. Hesselink (2002b) 88; Hesselink (2002a) 114.

[177] Siehe Montanus (1669) 292-293, 316-318, 332. Vgl. Hesselink (2002a) 99-100. Auszüge aus dem Originalbericht von Bijlvelt und Schaep findet man auch bei Hesselink (siehe Hesselink (2002a) 114; Hesselink (2002b) 60, 98).

[178] Siehe Inoue & Hōjō (1670) 79-80.

[179] Siehe Overtwater (1643b) 48-51.

zur Apostasie der zweiten Rubino-Gruppe enthalten keine Hinweise auf die Anwendung der *e-fumi*-Prozedur. Zwar hat Hesselink nachgewiesen, dass Montanus einige Passagen aus dem Bericht von Bijlvelt und Schaep nicht berücksichtigt hat,[180] der Calvinist Montanus, der zuvor polemische antikatholische Schriften verfasst hatte, hätte es sich aber wohl kaum entgehen lassen, über das Bildtreten der Missionare zu berichten.[181] Somit ist anzunehmen, dass die *e-fumi*-Zeremonie tatsächlich nicht zur Anwendung kam. Diese Vermutung wird durch weitere Passagen im *Kirishito-ki* gestützt. Dort wurden von den Verfassern Vorgaben zur Behandlung einfacher Christen und zum Umgang mit Missionaren gemacht. Während im ersten Fall Hinweise zur Anwendung der *e-fumi*-Prozedur gegeben wurden, fehlen diese im zweiten Fall völlig.[182]

4.1.2 Apostaten als Unterstützer der Inquisition

Allein das öffentlichkeitswirksame Abschwören der Missionare reichte der Inquisitionsbehörde nicht aus. Sie wollte diese als Verbündete im Kampf gegen das Christentum gewinnen und aktiv in die Verfolgungsmaßnahmen einbinden.[183] Drei der sechs Apostaten

---

180 Siehe Hesselink (2002a) 115-116.

181 Auf eine Auswertung des vollständigen Originalberichts von Bijlvelt und Schaep, der sich im *Nationaal Archief* in Den Haag befindet, habe ich verzichtet.

182 Siehe Inoue & Hōjō (1670) 58-63.

183 Vgl. Kaibara (1709) 167; van Elserack (1643a) 99; Hesselink (2002b) 2.

starben schon bald nach dem Abschwören an den Folgen der Folter. Bei den anderen drei, Ferreira, Porro und Chiara, ging der Plan der Behörde auf. Sie wechselten die Seiten und wurden bis zu ihrem Tod zu einem aktiven Teil des Inquisitionsapparates.[184]

Ferreira nahm den Namen Sawano Chūan an, ließ sich an einem buddhistischen Tempel registrieren und lebte bis zu seinem Tod zusammen mit einer japanischen Frau in Nagasaki.[185] Er soll als *meakashi*[186] Informationen über versteckte Christen gesammelt haben.[187] Im Jahre 1636 verfasste Ferreira eine antichristliche Schrift (*Kengi-roku*),[188] die dem Oberinquisitor Inoue wichtige Argumente für die Verhöre der gefassten Missionare lieferte.[189] Ferreira nahm auch selbst an diesen Befragungen teil. Er diente dabei als Übersetzer, griff aber

---

184 Vgl. Anesaki (1938) 295-296. Ferreira wurde 1636 vom Leitungsgremium der Societas Jesu aus dem Orden ausgeschlossen (vgl. Cieslik (1974)22). Ferreira starb 1652, Porro 1643 und Chiara 1685 (vgl. Boxer (1993 [1951]) 447). Es ist umstritten, ob Ferreira und Porro kurz vor ihrem Tod die Apostasie widerrufen haben (vgl. Cieslik (1974) 46-48; Anesaki (1938) 294; Jennes (1973) 243; Schütte (1940) 202-208).

185 Vgl. Cieslik (1974) 23.

186 Spion der Inquisitionsbehörde.

187 Siehe Elison (1991 [1973]) 186; Cieslik (1974) 25. Der portugiesische Kaufmann Gonçalo da Silveira, der Ferreira im November 1635 in Nagasaki traf, bestritt dies in seinem Brief an den Visitator Manuel Diaz (siehe da Silveira (1635) 19).

188 Vgl. Schrimpf (2000) 21-24. Cieslik hat Ferreiras alleinige Urheberschaft angezweifelt (Siehe Cieslik (1974) 33-34).

189 Vgl. Elison (1991 [1973]) 202.

auch direkt in die Gespräche ein, um die ehemaligen Glaubensbrüder zur Apostasie zu bewegen. So traf er 1637 auf den Dominikaner Antonio Gonçalez,[190] 1639 auf Giovanni Battista Porro,[191] 1642 auf die Gruppe um Antonio Rubino[192] und 1643 auf die Gruppe um Giuseppe Chiara.[193] Auch an der Schändung christlicher Gräber soll Ferreira beteiligt gewesen sein, wie man einer *daghregister*-Eintragung von Overtwater aus dem Jahre 1643 entnehmen kann.[194]

Zum Nachweis der Mitwirkung Ferreiras an der Durchführung der *e-fumi*-Zeremonie können europäische und japanische Quellen herangezogen werden. So hat der Dominikaner Diego Collado 1637 in einem Schreiben an die *Congregatio de Propaganda Fide*[195] über Ferreiras Apostasie und seine Mitwirkung an der *e-fumi*-Zeremonie berichtet.[196] Laut *Kiyōzakki*, einem Werk zur lokalen Geschichte Nagasakis, das vermut-

---

[190] Vgl. Elison (1991 [1973]) 190.

[191] Vgl. Cieslik (1974) 28; Cieslik (1959) 82; Cieslik (1957b) 126.

[192] Vgl. van Elserack (1642) 106; Elison (1991 [1973]) 200. Cieslik hat Ferreiras Beteiligung an dem Verhör der ersten Rubino-Gruppe angezweifelt (vgl. Cieslik (1974) 24).

[193] Vgl. Hesselink (2002b) 91, 97; Sokkyo-hen (1860) 169; Overtwater (1643b) 51-52; Montanus (1669) 317-318.

[194] Siehe Overtwater (1643a) 33.

[195] Kongregation für die Verbreitung des Glaubens. Zentralbehörde des Vatikans zur Koordinierung der missionarischen Tätigkeit.

[196] Vgl. Pagés (1869) 866. Collado war jedoch kein Augenzeuge dieser Vorgänge. Er lebte von 1618 bis 1622 in Japan, danach in Europa und von 1635 bis zu seinem Tod 1638 in Manila (vgl. Volz (1913)).

lich Ende des 18. Jahrhunderts entstand, hat Ferreira initiiert, dass alle Christen ihr Abschwören durch schriftliche Bestätigung in Form eines Doppeleides bekräftigen mussten.[197] Ein solches Dokument ist aus dem Jahre 1645 überliefert.[198] Es enthält eine von Ferreira unterschriebene Begründung, warum ein Widerruf der Apostasie unmöglich ist.[199] In dieser ist auch das Bildtreten erwähnt:

> The custom of recanting the Cristian religion by such a formal oath, and of stamping on a holy image and so forth, has never been applied against the Christians in any other land. How can anyone who is troubled by their apostasy revoke it under these circumstances! Moreover, a true revocation of apostasy is quite impossible without the mediation of a padre. A secret revocation is not possible.[200]

Der japanische Gelehrte Ro Sōsetsu erläuterte 1726 in einem Brief an seinen Kollegen Watanabe Gunzō, dass das Namensregister der Personen, die sich der *e-fumi*-Zeremonie unterziehen mussten, im Wohnhaus Ferreiras aufbewahrt wurde.[201] In der Forschungsliteratur wurde Ferreira gar als Erfinder der *e-fumi*-Zeremonie beschrieben.[202] Dies kann dadurch widerlegt

---

[197] Siehe Kiyōzakki (1800) 25.

[198] Siehe Zertifikat (1645) 26-27.

[199] Vgl. Schrimpf (2000) 19. Neben Ferreira unterzeichneten auch die beiden abgefallenen japanischen Missionare Ryōjun und Ryōhaku (vgl. Voss & Cieslik (1940) 164 FN 7).

[200] Zertifikat (1645) 27.

[201] Siehe Sōsetsu (1726) 26.

[202] Siehe Prunier (1939) 163.

werden, dass das Bildtreten bereits vor seiner Apostasie praktiziert wurde.[203]

Porro und Chiara wurden von den Behörden im *kirishitan-yashiki* in Edo untergebracht und streng überwacht, da man ihrem Abfall nicht traute.[204] Porro sollte helfen, die Mitglieder der zweiten Rubino-Gruppe zur Apostasie zu bewegen.[205] Chiara diente zunächst als Informant. Er musste Auskunft über die Strategie der Jesuiten zur Missionierung Japans geben[206] und vermutlich auch bei der Anfertigung einer Karte Manilas helfen, da der Shōgun in Erwägung zog, die Portugiesen dort anzugreifen.[207] Später war es Chiaras Aufgabe, beschlagnahmte Gegenstände hinsichtlich ihrer christlichen Herkunft zu beurteilen.[208] Auch musste er eine antikatholische Schrift verfassen, die jedoch nicht nach den Vorstellungen der Auftraggeber ausfiel.[209] In den untersuchten Quellen gibt es keine Hinweise auf die Mitwirkung Porros und Chiaras bei der Anwendung der *e-fumi*-Zeremonie auf japanische Christen.

---

[203] Vgl. Cieslik (1974) 27; oben Kap. 3.1.1.

[204] Vgl. Cieslik (1959) 83; Boxer (1993 [1951]) 391-392; Küenburg (1938) 594; Voss & Cieslik (1940) 179; Cieslik (1957b) 127; Cieslik (1950b) 263.

[205] Vgl. Hesselink (2002b) 65; Cieslik (1959) 83; Cieslik (1957b) 129.

[206] Vgl. Bijlvelt & Schaep (1643) 98; Boxer (1993 [1951]) 395.

[207] Vgl. Hesselink (2002b) 81.

[208] Vgl. Kawahara (1691) 143-144.

[209] Vgl. Sokkyo-hen (1860) 179.

4.2 Angehörige der europäischen Handelsorganisationen

4.2.1 Glaubensprüfungen für Seeleute und Faktoreimitarbeiter

Sieben Jahre nach ihrer Gründung etablierte die *VOC* im Jahre 1609 einen Handelsstützpunkt auf Hirado, der 1641 nach Deshima verlagert wurde.[210] Den Niederländern gelang es, die Japaner davon zu überzeugen, dass sich ihr christlicher Glaube grundlegend von dem Bekenntnis der Portugiesen und Spanier unterschied. Sie waren bereit, während ihres Aufenthalts in Japan auf alle religiösen Praktiken und die Verwendung christlicher Symbole zu verzichten.[211] Das Vorgehen wurde von der obersten Leitung der *VOC* mitgetragen, wie ein Schreiben der Direktoren (*Heeren Zeventien*) aus dem Jahre 1654 belegt.[212] Die *opperhoofden* auf Deshima nahmen diese Vorgaben sehr ernst, da sie bei einer Missachtung schlimmste Konsequenzen, bis hin zur Schließung des Handelsstützpunktes, befürchten mussten. Diese Sorge äußerten sie auch in ihren *daghregister*-Eintragungen, so z. B. Daniel Six, der im Jahre 1668 von einem Vorfall berichtete, bei dem beinahe versehentlich ein Buch mit christlichen Abbildungen in die Hände des Gouverneurs von Nagasaki

---

210 Vgl. Goodman (1986) 10; Roessingh (1964) 7-8.

211 Vgl. Montanus (1669) 308, 322, 335, 337; Doeff (1833) 30-31; Goodman (1986) 21; Mochizuki (2009) 89 FN 34; Jennes (1973) 192.

212 Siehe Direktive (1652) xvi.

gelangt wäre.[213] Das auf Konfliktvermeidung ausgerichtete Verhalten der Niederländer war Voraussetzung dafür, dass sie für mehr als zwei Jahrhunderte unter allen europäischen Mächten das Handelsmonopol mit Japan bewahren konnten, führte aber auch dazu, dass sie in Europa fortwährenden Vorwürfen ausgesetzt waren, sie würden ihren christlichen Glauben verleugnen und verraten, um Handelsvorteile zu erzielen.[214]

Ob und in welchem Ausmaß sich die Niederländer der *e-fumi*-Zeremonie unterzogen haben, wird bis heute kontrovers diskutiert. Eine pauschale Verurteilung der *VOC*-Mitarbeiter findet man bereits im 17. Jahrhundert in den Schriften des deutschen Gelehrten Erasmus Francisci[215] und des italienischen Weltreisenden Giovanni Francesco Gemelli-Careri.[216] Im 18. Jahrhundert waren es dann der von Missionaren der Societas Jesu zum Christentum konvertierte chinesische Arzt Dionysius Kao,[217] die französischen Jesuiten Jean Crasset[218] und Claude François Xavier Millot[219] sowie der englische Weltreisende Thomas Salomon,[220] die in ihren

---

[213] Siehe Six (1668) 281.

[214] Siehe Duport du Tetre (1756) 505; Poppe (1777) 649. Vgl. Nachod (1897) 267.

[215] Siehe Francisci (1670) 774.

[216] Siehe Gemelli-Careri (1699) 31.

[217] Siehe Kao (1707) 76. Zu Dionisius Kao siehe Pigulla (1996) 14.

[218] Siehe Crasset (1707) 376-377.

[219] Siehe Millot (1778) 664.

[220] Siehe Salomon (1727) 299-300.

Schriften die Vorwürfe wiederholten.[221] Selbst belletristische Werke von Jonathan Swift[222] und Voltaire[223] enthalten das Narrativ des Bildtretens durch die Niederländer.[224] In der Sekundärliteratur finden sich bis ins 21. Jahrhundert hinein Beispiele für die Bekräftigung der Anschuldigung. Funk deutete bereits die Beobachtung der *e-fumi*-Zeremonie durch *VOC*-Mitarbeiter als Beteiligung an einer „sakrilegischen Handlung".[225] Steichen behauptete unter Bezugnahme auf Kaempfer, die Niederländer hätten sich zweimal im Jahr der *e-fumi*-Zeremonie unterzogen, einmal bei der Zensusmaßnahme zu Jahresbeginn und einmal bei der Ankunft der Handelsschiffe.[226] Dussinger kam unter Berufung auf Kao zu dem Schluss, dass alle Niederländer, die Japan betreten wollten, auf christliche Bilder treten mussten.[227] Laut Mochizuki unterzogen sich die Niederländer bedenkenlos der *e-fumi*-Zeremonie, um sich von den Portugiesen und Spaniern zu distanzieren.[228] Antrieb dafür sei nicht allein das Ziel der Erlangung von Handelsvorteilen, sondern auch der Wille zur Fortsetzung der calvinistischen Bilderstürme auf

---

[221] Für weitere Beispiele aus dem 18. Jahrhundert siehe unten Kap. 5.4.
[222] Siehe Swift (1727) 201-202.
[223] Siehe Voltaire (1759) 20. Vgl. Mochizuki (2009) 71; Dubois (2012) 455.
[224] Gleiches gilt für ein geschichtsphilosophisches Werk Voltaires (siehe Voltaire (1753) 466).
[225] Siehe Funk (1890) 666.
[226] Siehe Steichen (1900) 350.
[227] Siehe Dussinger (1992) 467.
[228] Siehe Mochizuki (2009) 70.

japanischem Boden gewesen.[229] Sie berief sich auf „All contemporary seventeenth-century evidence“,[230] ohne konkrete Belege zu liefern. Abseits des wissenschaftlichen Diskurses wurde das Narrativ des bereitwilligen Bildtretens durch die *VOC*-Mitarbeiter von dem niederländischen Künstler Rob Scholte[231] und dem rechtspopulistischen Politiker Pim Fortuyn[232] in den 1990er Jahren für ihre Projekte bzw. Agitationen verwendet.

Bis Ende des 18. Jahrhunderts verteidigten nur wenige Autoren, wie die Franzosen Jacques Accarias de Serionne[233] und Pierre-Claude Le Jeune[234], die Niederländer gegen die Vorwürfe. Danach waren es Onno Zwier van Haaren,[235] Hendrik Doeff[236] und Johannes Frederik van Overmeer Fischer,[237] die in ihren Schriften die Anschuldigungen gegen ihre Landsleute energisch zu-

---

[229] Siehe Mochizuki (2009) 72-74, 77-78, 94.

[230] Mochizuki (2009) 70.

[231] Vgl. Legêne (1998) 204-205.

[232] Siehe Fortuyn (1997) 52.

[233] Siehe Accarias de Serionne (1768) 590. Accarias de Serionne stand in Diensten der Niederländer, für die er wirtschaftspolitische Schriften verfasste (vgl. Stapelbroek (2011) 190 FN 50).

[234] Siehe Le Jeune (1780) 695-696. Le Jeune war ein Geistlicher, der mit aufklärerischen Schriften Bekanntheit erlangte (vgl. Kapitza (1990b) 685).

[235] Siehe van Haaren (1775) 635-638. Die Schrift des Juristen ist stark nationalistisch geprägt (vgl. Kapitza (1990b) 632).

[236] Siehe Doeff (1833) 24, 29-32. Vgl. unten Kap. 5.4.

[237] Siehe van Overmeer Fischer (1833) 157. Van Overmeer Fischer stand wie Doeff zu Beginn des 19. Jahrhunderts für mehrere Jahre in Diensten der *VOC* auf Deshima (vgl. McOmie (2005) 84).

rückwiesen. In der jüngeren Sekundärliteratur wird unter Verzicht auf eine Angabe von Belegen mehrheitlich die Meinung vertreten, die Vorwürfe seien unbegründet.[238]

Um zu einem eigenen Urteil zu kommen, ob die Niederländer sich der *e-fumi*-Zeremonie unterzogen haben, werden im Folgenden drei Fälle separat betrachtet: die turnusmäßig durchgeführte Zensusmaßnahme in Nagasaki, die jährliche Ankunft der *VOC*-Schiffe auf Deshima und die außerplanmäßige Landung niederländischer Schiffe an anderen Orten in Japan.

Die *e-fumi*-Zeremonie als Teil der Zensusmaßnahme wurde von Meister[239] und Kaempfer[240] detailliert beschrieben. Darüber hinaus ist die Prozedur mehrfach Gegenstand von *daghregister*-Eintragungen.[241] An keiner Stelle findet sich ein Hinweis auf eine Beteiligung der niederländischen Faktoreimitarbeiter an den regelmäßigen Untersuchungen. Dagegen waren die japanischen Bediensteten der *VOC* ausnahmslos zur Teilnahme verpflichtet.[242] Steichens Behauptung, die Niederländer hätten sich zweimal im Jahr der *e-fumi*-Zeremonie unterzogen,[243] beruht auf einer zweifachen Fehldeutung des Kaempfer-Textes. Dessen Ausführungen

---

238 Siehe Viallé & Blussé (2010) XI; McOmie (2005) 72, 126-127; Keene (1969 [1952]) 7; Cieslik (1950a) 191.

239 Siehe Meister (1692) 141-143.

240 Siehe Kaempfer (1727c) 233-234.

241 Siehe Indijck (1663) 69; Boockesteijn (1732) 391; Vermeulen (1758) 236.

242 Vgl. Kaempfer (1727c) 268; Doeff (1833) 29.

243 Siehe Steichen (1900) 350.

beziehen sich auf die Bediensteten der Niederländer, nicht auf die Niederländer selbst sowie auf das Ablegen eines Eides, nicht auf die Prozedur des Bildtretens.[244]

Wenn die japanischen Behörden befürchtet hätten, dass einzelne Niederländer doch dem katholischen Glauben anhingen, wäre wohl bereits bei der Einreise eine Prüfung durchgeführt worden. Der Chinese Kao behauptete in seiner Japanschilderung aus dem frühen 18. Jahrhundert, dass sich alle Europäer, die das Land betreten wollten, der *e-fumi*-Zeremonie unterziehen mussten.[245] Kaos Bericht gilt jedoch als wenig authentisch. Statt eigene Beobachtungen zugrunde zu legen, soll er überwiegend jesuitische Auffassungen wiedergegeben haben.[246] Tatsächlich wurden wohl nur die Chinesen selbst, die wie die Niederländer einen streng kontrollierten Handel mit Japan betrieben, bei der Landung ihrer Schiffe überprüft, bevor sie ihre Niederlassung (*tōjin-yashiki*) in Nagasaki betreten durften.[247] Das Bildtreten der Chinesen kann durch eine *daghregister*-Eintragung des *opperhoofd* Martinus Caesar aus dem Juni 1673,[248] die Schrift von Gemelli-Careri[249] und einen Brief des französischen Jesuiten Joannis de Fontaney aus dem Jahre 1704 belegt werden.[250] Die japanischen

---

[244] Siehe Kaempfer (1727c) 268.
[245] Siehe Kao (1707) 76.
[246] Siehe Pigulla (1996) 14; Kapitza (1990b) 75.
[247] Vgl. Doeff (1833) 29; Pagés (1869) 879.
[248] Siehe Caesar (1763) 191.
[249] Siehe Gemelli-Careri (1699) 31.
[250] Siehe de Fontaney (1637) 51-52.

Behörden trauten den Chinesen nicht, da diese mehrfach versucht hatten, christliche Bücher und sogar Missionare nach Japan zu schmuggeln.[251,252]

In den Schriften von Meister und Kaempfer sowie in den *daghregister*-Eintragungen gibt es keine Hinweise darauf, dass die niederländischen Schiffsbesatzungen bei der jährlichen Ankunft der *VOC*-Schiffe der *e-fumi*-Zeremonie unterzogen wurden. Gerade Kaempfer, der akribisch über seine Erlebnisse in Japan berichtete und der in seiner Schrift deutliche Kritik an dem Verhalten seiner niederländischen Arbeitgeber übte,[253] hätte dieses Detail wohl kaum ausgelassen. Die Tagebücher der *opperhoofden* waren vertrauliche Unterlagen, nur für die *VOC*-Zentralen in Batavia und Amsterdam sowie für die jeweiligen Nachfolger auf Deshima bestimmt.[254] Es hätte keinen Grund gegeben, darin die Verpflichtung des Bildtretens zu verschweigen. Offensichtlich vertraute die japanische Behörde den Niederländern, dass diese willens und in der Lage waren, durch sorgfältige Kontrolle der eigenen Schiffsbesatzungen die Gefahr des Eindringens katholischer Christen auszuschließen.

---

251 Vgl. Doeff (1833) 29; Jennes (1973) 193; Keene (1969 [1952]) 12-13.

252 Ende des 18. Jahrhunderts wurden die chinesischen Schiffsbesatzungen von der Pflicht des Bildtretens befreit (vgl. Jennes (1973) 193).

253 Siehe Kaempfer (1727c) 260-261. Vgl. unten Kap. 5.3.

254 Vgl. Hesselink (2005) 516.

Neben den planmäßigen Ankünften der niederländischen und chinesischen Handelsschiffe in Nagasaki kam es gelegentlich zu Zwischenfällen, bei denen ausländische Schiffe ohne Voranmeldung und Genehmigung die Küste Japans erreichten. Die japanischen Behörden hatten seit 1635 ein Netz von Wachstationen entlang der Westküste Kyūshūs aufgebaut, um die unentdeckte Anlandung von Missionaren zu verhindern.[255] Die Besatzungen außerplanmäßig gelandeter Schiffe, wie der englischen *Return*[256] im Jahre 1673 und der amerikanischen Walfänger *Lawrence*[257] und *Lagoda*[258] in den Jahren 1846 und 1849, wurden festgenommen, verhört und der *e-fumi*-Prozedur unterzogen. Der *opperhoofd* Martinius Caesar berichtete in einer *daghregister*-Eintragung von der Untersuchung der englischen Besatzung der *Return*, bei der sein Assistent zugegen war:

> In order to test […] that they were of the same belief as us, the Governor had given them a Papistical Holy image, which the English captain must tread on with his feet […]. […] the aforesaid image was laid down on a straw mat on the deck, and the said chief told to trample on it first with one foot, then with the other, and finally with both feet together, which was duly performed […].[259]

---

255 Vgl. Woolley (1881) 135, 145; Voss & Cieslik (1940) 11-12.

256 Vgl. Jennes (1973) 191.

257 Vgl. Sakamaki (1939) 42; Jennes (1973) 191; Kamstra (1993) 141.

258 Vgl. Cosenza (1930) 466-467 FN 546; Murdoch (1926) 303.

259 Caesar (1673) 190-192.

Zweimal erreichten auch niederländische Schiffe außerplanmäßig Japans Küste. Die Besatzung der *Breskens,* die im Jahre 1643 im Nordosten Japans gelandet war, [260] musste eine mehrstufige Glaubensprüfung über sich ergehen lassen. Zunächst forderten die Japaner die Männer um Kapitän Schaep auf, ein Kreuz und ein Marienbild zu küssen und anzubeten. Da die Niederländer dies verweigerten, hatten sie den ersten Teil der Prüfung bestanden.[261] Mochizuki deutete diesen Vorgang als Anwendung der *e-fumi*-Zeremonie.[262] Dieser Interpretation kann ich mich nicht anschließen, da die Niederländer nicht auf christliche Objekte treten, sondern diese anbeten sollten. Beim Aufeinandertreffen mit den Missionaren der zweiten Rubino-Gruppe mussten die Niederländer dann ihre Abneigung gegen die katholische Religion beweisen. Sie taten dies, indem sie die Jesuiten nicht nur traten und bespuckten, sondern sogar anboten, diese zu töten.[263] Jennes kam fälschlicherweise zu dem Schluss, die Seeleute hätten bei dieser Gelegenheit auf ein christliches Bild getreten und sich somit der *e-fumi*-Zeremonie unterzogen.[264]

---

[260] Vgl. oben Kap. 4.1.1.

[261] Vgl. Montanus (1669) 286; Kaufmann (2004) 309; Kaufmann (2010) 144; Lach & van Kley (1993a) 1877.

[262] Siehe Mochizuki (2009) 70.

[263] Vgl. Bijlvelt & Schaep (1643) 60; Hesselink (2002a) 114. Montanus hat diese Stelle aus dem Nachbericht von Bijlvelt und Schaep in seiner Schilderung der Ereignisse ausgelassen (siehe Montanus (1669) 292-293, vgl. Hesselink (2002a) 115; Hesselink (2002b) 179).

[264] Siehe Jennes (1973) 191. Jennes' Irrtum beruht vermutlich auf der Missdeutung einer von ihm als Beleg angeführten

Aus dem Bericht von Bijlvelt und Schaep geht jedoch eindeutig hervor, dass nicht ein Bild, sondern die Missionare getreten wurden:

> We answered, showing our loathing of them [the missionaries], spitting at them and kicking them with our feet, that we did not belong to their sect or share their beliefs, indicating that we were ready to kill them if given permission to do so.[265]

Später wurden die Niederländer ausführlich zu religiösen Fragen verhört. Dabei gelang es ihnen, die Unterschiede zwischen dem katholischen und dem protestantischen Glauben überzeugend darzulegen.[266] Die relevanten Quellen enthalten somit keinen Hinweis darauf, dass sich die Mannschaft der *Breskens* der *e-fumi*-Zeremonie unterziehen musste, obwohl das Bildtreten zu dieser Zeit bereits als Werkzeug zur Prüfung japanischer Christen fest etabliert war.

Zu einem zweiten Zwischenfall mit niederländischer Beteiligung kam es, als im Jahre 1704 sechs Schiffbrüchige in einem Beiboot an der Küste von Satsuma strandeten. Der Gruppe gehörten neben zwei Schotten, einem Flamen und einem Engländer auch zwei

---

Passage aus dem Japanwerk des amerikanischen Historikers Richard Hildreth, die sich jedoch auf den ersten Teil der Glaubensprüfung bezieht: „[…] they [Schaep and his chief officers] paid no respect to the sign of the cross or to pictures of the Virgin […]" (siehe Hildreth (1902 [1855]) 201-202).

[265] Bijlvelt & Schaep (1643) 60.

[266] Vgl. Montanus (1669) 308, 322, 335, 337.

Niederländer an.[267] Der *opperhoofd* Gideon Tant war an der Untersuchung der Gestrandeten beteiligt.[268] In einer *daghregister*-Eintragung berichtete er über die Glaubensprüfung der Seeleute:

> The gouverneurs suggested to let them trample on popish books and an image of Mary because, if they were Roman Catholics, they would refuse to do so. Furthermore they told me that these sailors had to perform this rite since they were not real Dutchman. I replied that I would ask them. Upon being asked if they objected, they replied that they had no scruples. They have trodden on the popish book and they have stepped on a cast metal statuette of Mary. The gouverneurs told me that they were now convinced that these sailors were not Roman Catholics.[269]

Das Bildtreten der zwei gestrandeten niederländischen Seeleute ist, auf Basis der von mir untersuchten Quellen, der einzige nachgewiesene Fall, bei dem Angehörige der *VOC* sich der *e-fumi*-Zeremonie unterziehen mussten.[270] Dazu kam es offensichtlich nur, weil es sich bei den sechs Schiffbrüchigen um eine Gruppe gemischter und unklarer Herkunft handelte. Die Aussage der japanischen Beamten impliziert, dass sie den Niederländern die Prozedur erspart hätten, wenn sie

---

[267] Vgl. Jennes (1973) 191; Murdoch (1926) 303.

[268] Tant konnte die Herkunft der Seeleute zunächst nicht korrekt zuordnen. Er berichtete von drei Niederländern, zwei Engländern und einem Iren (siehe Tant (1704a) 92).

[269] Tant (1704b) 93.

[270] Vgl. van Haaren (1775) 638.

davon überzeugt gewesen wären, „real Dutchman“ [271] vor sich zu haben.

4.2.2 Mitarbeiter der Niederländischen Ostindien-Kompanie als Unterstützer der Inquisition

Nachdem die Phase der Vertrauensbildung in der ersten Hälfte des 17. Jahrhunderts abgeschlossen war, wurden die Niederländer von den Japanern als loyale Alliierte betrachtet und als Instrumente im Kampf gegen die katholischen Feinde genutzt. Die Rolle der *VOC*-Angehörigen war, als Augen und Ohren in Übersee zu wachen und über Vorgänge in Europa sowie über die Bewegungen der Spanier und Portugiesen in Asien an den Shōgun zu berichten.[272] Auch bei innerjapanischen Belangen waren die *opperhoofden* bereit, mit der Inquisitionsbehörde zu kooperieren. Den von den Missionaren verhassten Oberinquisitor Inoue bezeichneten sie in ihren Tagebüchern mehrfach als „Patron“.[273] Die *opperhoofden* wurden jedoch nur in Einzelfällen von den Beamten an inquisitorischen Untersuchungen beteiligt. So sollte Jan van Elserack im Jahre 1643 bei den Verhören der Missionare der zweiten Rubino-Gruppe geeignete Foltermethoden vorschlagen, da die japanischen nicht zum gewünschten Erfolg führten.[274] Gideon Tant musste die 1704 gestrandete

[271] Tant (1704b) 93.
[272] Vgl. Viallé & Blussé (2010) II.
[273] Vgl. Michel (1999) 114.
[274] Vgl. van Elserack (1643b) 74-75; Hesselink (2002b) 100.

Gruppe europäischer Seeleute dazu bringen, sich der *e-fumi*-Zeremonie zu unterziehen.[275] Es gibt keine Hinweise darauf, dass die Niederländer in irgendeiner Weise an der turnusmäßig durchgeführten Zensusmaßnahme aktiv beteiligt waren. Die Behauptung des französischen Hochstaplers George Psalmanaazaar, die Einführung der *e-fumi*-Zeremonie als Glaubenstest für Schiffsbesatzungen würde auf einen Vorschlag der Niederländer zurückgehen, ist unglaubwürdig und nicht durch Quellen belegt.[276]

---

[275] Vgl. Tant (1704b) 93, oben Kap. 4.2.1.

[276] Siehe Psalmanaarzaar (1704) 64. Vgl. Kaufmann (2004) 309-310; Kapitza (1990b) 55; Gunn (2003) 52. Der deutsche Historiker Johann Friedrich Poppe übernahm die Behauptung Psalmanaazaars in seiner Schrift über Japan (siehe Poppe (1777) 649, zu Poppe siehe Hitzig (1826) 201). Le Jeune widersprach dagegen Psalmanaazaar und Poppe (siehe Le Jeune (1780) 696).

5 Die *e-fumi*-Zeremonie in den Schriften der Mitarbeiter der Niederländischen Ostindien-Kompanie

5.1 Die *opperhoofden* auf Deshima im 17. und 18. Jahrhundert

Bis 1660 finden sich in den Aufzeichnungen der *opperhoofden* keine gesicherten Hinweise auf die *e-fumi*-Zeremonie. Eine *daghregister*-Eintragung von Maximilian Le Maire aus dem Jahr 1641 belegt zwar, dass bereits kurz nach Etablierung des niederländischen Stützpunktes auf Deshima alle japanischen Bediensteten der *VOC* zum Haus des Bürgermeisters gerufen wurden, wo sie sich einer Glaubensprüfung unterziehen mussten. Die Art der Untersuchung wurde jedoch nicht beschrieben.[277] Erst als die *e-fumi*-Zeremonie zum Teil der Zensusmaßnahme wurde, an der sich alle japanischen Einwohner von Nagasaki beteiligten, war sie für die Europäer wahrnehmbar, entweder als Augenzeugen oder durch Berichte ihrer Übersetzer und Bediensteten. Zum ersten Mal wurde das Bildtreten 1661 von Hendrick Indijck in einer *daghregister*-Notiz erwähnt.[278] Bis 1758 folgten lediglich fünf weitere Eintragungen. Danach fand das Thema in den Aufzeichnungen gar keine

[277] Siehe Le Maire(1641)142.
[278] Siehe Indijck(1661)4.

Beachtung mehr.[279] Die geringe Berücksichtigung zeigt, für wie wenig erwähnenswert die *opperhoofden* die Prozedur hielten oder wie wenig sie davon mitbekamen. Einer der Einträge hat die Anwendung der *e-fumi*-Zeremonie auf identifizierte japanische Christen zum Thema.[280] Dreimal wurde über die jährliche Routine der Zensusmaßnahme berichtet,[281] zweimal über die Glaubensprüfung außerplanmäßig gelandeter europäischer Seeleute.[282]

Alle *daghregister*-Texte zur *e-fumi*-Zeremonie sind kurz und sachlich gehalten. Dies mag zum einen am generellen Stil der Tagebucheinträge liegen, zum anderen war wohl auch die Einstellung der Verfasser zum Thema dafür verantwortlich, dass diese emotionslos ihrer Chronistenpflicht nachkamen. Die *opperhoofden* waren in der Regel Protestanten, die meisten von ihnen Calvinisten. Die *e-fumi*-Zeremonie mag sie an die Bilderstürme in ihrer niederländischen Heimat erinnert haben, an denen ihre Vorfahren möglicherweise beteiligt waren.[283] Obwohl auch die *opperhoofden* Christen waren, ist es naheliegend, dass sie mit weniger Mit-

---

279 An dieser Stelle sei nochmals darauf hingewiesen, dass für diese Arbeit nur die in gedruckter Form vorliegenden *daghregister*-Texte systematisch geprüft wurden (vgl. oben Kap. 2). Es ist deshalb nicht auszuschließen, dass weitere Berichte der *opperhoofden* zur *e-fumi*-Zeremonie existieren.

280 Siehe Indijck (1661) 4.

281 Siehe Indijck (1663) 69; Boockesteijn (1732) 391; Vermeulen (1758) 236.

282 Siehe Caesar (1673) 190-192; Tant (1704b) 93.

283 Vgl. Kaufmann (2004) 337; Mochizuki (2009) 72-74, 77-78, 94.

gefühl über die Inquisitionsmaßnahmen berichteten, als zuvor die katholischen Missionare.[284] Weder die Entweihung der christlichen Objekte, noch das Empfinden der untersuchten Personen scheint sie sonderlich berührt zu haben. Aufschlussreicher hinsichtlich der emotionalen Verarbeitung der Vorgänge sind die Schilderungen von Georg Meister, Engelbert Kaempfer und Hendrik Doeff, die in ihren Werken ausführlicher auf die *e-fumi*-Zeremonie eingingen.[285]

5.2 Der empörte Christ: Georg Meister

Georg Meister wurde im Jahre 1653 in Brücke an der Helme geboren. Er entschied sich früh für den Beruf des Gärtners und war als solcher an verschiedenen Orten in Thüringen tätig, bevor er 1677 nach Amsterdam aufbrach und sich dort von der *VOC* für eine Reise nach Ostasien anheuern ließ.[286] In Batavia trat er in die Dienste seines Landsmannes Andreas Cleyer, der von Oktober 1682 bis November 1683 und von Oktober 1685 bis November 1686 das Amt des *opperhoofd* auf

---

[284] Vgl. McOmie (2005) 29.

[285] Auch der schwedische Naturforscher Carl Peter Thunberg, der von 1775 bis 1776 als Faktoreiarzt auf Deshima tätig war, widmete einen Abschnitt seiner Reisebeschreibung der *e-fumi*-Zeremonie (siehe Thunberg (1793) 726). Da er sich jedoch weitgehend auf die Beschreibung von Abläufen beschränkte, die man in ähnlicher Form bereits bei Meister und Kaempfer findet, habe ich seine Schrift bei der folgenden Auswertung nicht berücksichtigt.

[286] Vgl. Hammer (2010) 13-19.

Deshima einnahm.[287] Beide Male begleitete Meister seinen Vorgesetzten nach Japan, wo er als Gärtner und Hofmeister tätig war.[288] Im Jahre 1688 kehrte er nach Europa zurück. Seine Erfahrungen in Asien qualifizierten Meister für die Anstellung als „Orientalischer Lustgärtner" am kursächsischen Hof in Dresden. In dieser Funktion war er von 1689 bis zu seinem Tod im Jahre 1713 tätig.[289] Über die Konfession Meisters geben die Quellen keine Auskunft. Seine Herkunft und die Tatsache, dass er eine Anstellung bei der *VOC* erhielt, lassen vermuten, dass er Protestant war, vermutlich Lutheraner.

Im Jahre 1692 veröffentlichte Meister im Selbstverlag seine Schrift *Der Orientalisch-Indianische Kunst- und Lust-Gärtner*.[290] Das Buch war ein kommerzieller Erfolg,[291] wurde jedoch von Gelehrten weitgehend ignoriert, da es nicht in lateinischer Sprache und ohne akademischen Anspruch verfasst war.[292] Etwa achtzig Prozent des 386-seitigen Werkes bestehen aus Schilderungen der Hin- und Rückreise sowie aus detaillierten Beschreibungen der Flora Japans. Der Wert des Werkes wurde unter Botanikern kontrovers diskutiert.[293] Einige erkannten Meisters Pionierleistung auf diesem

[287] Vgl. Michel (1999) 261.
[288] Vgl. Hammer (2009) 217; Hammer (2010) 28.
[289] Vgl. Michel & Terwiel (2001b) 101; Kreiner (1984) 11.
[290] Siehe Meister (1692).
[291] In den Jahren 1710, 1713, 1730 und 1731 erschienen Neuauflagen (vgl. Muntschick (1984) 227 FN 10).
[292] Vgl. Michel & Terwiel (2001b) 104.
[293] Vgl. Michel & Terwiel (2001b) 102.

Gebiet an,[294] von anderen wurde er abfällig als Gärtner und damit als Handwerker betrachtet, der sich auf akademisches Terrain vorwagte.[295] In den restlichen zwanzig Prozent seiner Schrift offenbarte Meister seine Sicht zu den Verhältnissen in der japanischen Gesellschaft. Er berichtete über die Sprache, das Justizsystem sowie über Sitten und Gebräuche. Obwohl sich Meister um eine sachgebundene Betrachtungsweise bemühte, [296] gab er an einigen Stellen auch Einblicke in sein persönliches Empfinden, wie bei der teils emotionalen Schilderung der Prozedur des Bildtretens anlässlich der jährlichen Zensusmaßnahme, die unter der Überschrift „Der Japonner lästerliche Verspeyung des heiligen Crucifixes" einen Raum von ca. zwei Seiten einnimmt.[297]

Bereits zu Beginn seiner Ausführungen zur *e-fumi*-Zeremonie zeigte Meister eine deutliche Parteinahme für die verfolgten japanischen Christen, äußerte Kritik an den Inquisitoren, deren Verhalten er auf den aus seiner Sicht spezifisch japanischen Charakter zurückführte, und kritisierte das Vorgehen als inhuman:

> Das vornehmste aber / so ich hier bey ihrer Religion oder Heydnischen Gottes-Dienste melden wollen / ist dieses grausame Beginnen / das diese blinde und verstockte Art der Japponeser / nach dem Tage des Neuen Jahrs / hier zu Nange Säqui in Gewohnheit hat

---

[294] Vgl. Hammer (2009) 219; Hammer (2010) 44-48.

[295] Siehe Beckmann (1808) 692-693. Vgl. Muntschick (1984) 227-228.

[296] Vgl. Berger & Bonsack (1973) 187.

[297] Siehe Meister (1692) 141-143.

> / nehmlich dieses: Sie haben noch ein Reliqium, oder von denen Portugiesen hinterbliebenes Crucifix, von Metall gegossen / ungefehr einer halben Ellen lang / welches / damit es Niemanden zu dem Christenthum reitzen / sondern vielmehr die annoch heimlichen Christen gekräncket und beschimpffet werden möchten.[298]

Danach wurde Meisters Schilderung sachlicher, als er auf die genauen Abläufe der jährlichen Zeremonie und auf mögliche Konsequenzen für die Untersuchten einging.[299] Bemerkenswert ist, dass er die Glaubwürdigkeit seiner Beschreibungen durch die Aussage bekräftigte, er habe die Vorgänge „selbsten zwey Jahr mit Augen gesehen".[300] Hierfür kommen nur die Jahre 1683 und 1686 in Frage. An anderer Stelle betonte er, dass er nur über das berichtete, was er „selbsten ein wenig gesehen / und nach meiner Einfalt (nachdeme ich die Sprache in etwas erlernet) durch Fragen angemercket"[301] hatte. Die *VOC*-Mitarbeiter auf Deshima durften die Insel nur sehr selten und mit ausdrücklicher Genehmigung der Behörden verlassen.[302] Dabei wurden sie stets von japanischen Beamten begleitet und überwacht.[303] Möglicherweise war es für eine hierarchisch niedrig eingestufte Person wie Meister leichter, Deshima zu verlassen und Augenzeuge von Vorgän-

[298] Meister (1692) 141-142.
[299] Siehe Meister (1692) 142.
[300] Meister (1692) 142.
[301] Meister (1692) 140. Vgl. Michel (1986) 5; Michel & Terwiel (2001b) 101.
[302] Vgl. Goodman (1986) 21.
[303] Vgl. Kaempfer (1727c) 271.

gen wie der *e-fumi*-Zeremonie zu werden als für die *opperhoofden*.[304]

Im letzten Teil seiner Beschreibung der *e-fumi*-Zeremonie wurde Meister erneut emotional:

> [...] also scharff werden die Christen hier von denen Japponern oder ihrer eigen Nation verfolget / und dieses / wie oben berühret / mit dem Crucifix, ist das erbärmliche Glaubens=Bekäntnüs / welches in Wahrheit einen Christen / er sey was Religion er wolle zu gethan / das Hertze brechen möchte / nehmlich wer es mit Augen siehet / und kein Wort darzu sagen darff; Ich vor meine Person / nahm hier Ursache / weil ich ohne diß mein Zimmer alleine hatte / und meinen GOtt vielmahlen in diesen Heidnischen Ländern durch Sünden verunehret / auf meine Knie zufallen / und dieses grausame Trauer=Spectacul mit Thränen zu begleiten.[305]

Als gläubigen Christen berührte Meister der Vorgang zutiefst. Die Natur war für ihn ein Werk Gottes und deshalb sein Beruf auch göttliche Berufung.[306] Die Reise nach Japan glaubte er unter „Göttlicher Führung"[307] angetreten zu haben. Es ist zu vermuten, dass Meister die Schrift des *opperhoofd* François Caron aus

---

304 Vgl. Kuitert (1991) 131 FN 11. Hammer vertrat dagegen in seiner biografischen Arbeit über Meister die Ansicht, der Gärtner hätte während seiner Aufenthalte in Japan niemals die Faktorei auf Deshima verlassen und alle Informationen von japanischen Übersetzern erhalten (siehe Hammer (2009) 221-222).

305 Meister (1692) 142-143.

306 Siehe Meister (1692) Vorrede [vii]. Vgl. Kuitert (1991) 133-135.

307 Meister (1692) Vorrede [vi]. Vgl. Kuitert (1991) 127.

dem Jahr 1645, die eine ausführliche Schilderung der brutalsten Phase der Christenverfolgung enthält,[308] als Vorbereitung zu seiner Reise nach Japan oder vor Ort gelesen hat. Auch dies würde erklären, warum Meister so sensibel auf die Anwendung der *e-fumi*-Zeremonie auf japanische Christen reagierte.

In seiner Bewertung des Bildtretens offenbarte Meister, dass er sich bei dieser Frage eher allgemein als Christ, denn als Anhänger einer bestimmten Konfession sah: „[…] einen Christen / er sey was Religion er wolle zu gethan […].“[309] Am Ende des Abschnitts zur *e-fumi*-Zeremonie gab er dann doch einen Hinweis auf seine Zugehörigkeit zur lutherischen Konfession, indem er feststellte, die Japaner müssten ihr Handeln „[…] an jenem großen Gerichts=Tage mit denen verstockten Juden verantworten […].“[310]

Die antichristliche Haltung der japanischen Obrigkeit war einer der wesentlichen Gründe, die Meister im Jahre 1686 bewogen, das Land zu verlassen.[311] So benannte auch Andreas Cleyer in seinem Arbeitszeugnis für Meister religiöse Gründe für die Abreise des Gärtners.[312] Letztendlich konnte Meister das von ihm

---

308 Siehe Caron & Schouten (1663) 131-138.

309 Meister (1692) 143.

310 Meister (1692) 143. Vgl. Luther (1543), darin z.B. in der Schrift *Vom Schem Hamphoras der Jüden und vom Geschlecht Christi* [65].

311 Vgl. Hammer (2010) 32; Hammer (2009) 217; Michel & Terwiel (2001b) 101; Kuitert (1991) 131, 135-136.

312 Siehe Meister (1692) 223. Hauptgrund war wohl, dass Meister seinen Vorgesetzten begleiten musste, als die japa-

empfundene „Heydenthum"[313] der Japaner wohl nicht in Einklang bringen mit der sie umgebenden Natur, die er als wunderbares Werk Gottes betrachtete.[314]

5.3 Der rationale Wissenschaftler: Engelbert Kaempfer

Engelbert Kaempfer wurde am 16. September 1651 als Sohn eines lutherischen Pastors in Lemgo geboren. Die Stadt in der Grafschaft Lippe, die besonders stark unter den Verheerungen des Dreißigjährigen Krieges gelitten hatte, war zu dieser Zeit ein Zentrum der Hexenverfolgung.[315] Kaempfers Vater unterstützte zunächst die städtische Obrigkeit bei den Hexenprozessen, wandte sich jedoch seit 1666 dagegen, nachdem sein Schwager ebenfalls der Hexerei bezichtigt und hingerichtet worden war.[316] Das Umfeld, in dem Engelbert Kaempfer aufwuchs, war somit durch religiös motivierte Gewaltausübung gekennzeichnet. Dies wirkte prägend auf seine Beurteilung der christlichen Religion.[317] Kaempfer studierte Medizin, Philosophie, Geschichte und alte Sprachen an den Universitäten von Krakau, Königsberg und Uppsala. Hierbei entwickelte

---

nischen Behörden Cleyer aufgrund von Schmuggelaktivitäten des Landes verwiesen (vgl. Hammer (2009) 217 FN 18).

313 Meister (1692) 145.

314 Vgl. Kuitert (1991) 135-136.

315 Vgl. Klueting (1993) 13-14, 23-24; Bodart-Bailey (1995a) 3.

316 Vgl. Bodart-Bailey (2015) 55; Bonn (2002) 3-6.

317 Vgl. Meier-Lemgo (1937) 4-5.

er sich zu einem weltoffenen und toleranten Menschen. In Uppsala, wo die Lehre an der naturwissenschaftlichen Fakultät durch Descartes rationalistisches Denken geprägt war, eignete sich Kaempfer die Fähigkeiten zur genauen Beobachtung der Umwelt und zur präzisen Wiedergabe des Gesehenen an, die sein späteres Japanwerk kennzeichnen.[318] Erste längere Reisen führten ihn nach Moskau und Persien, bevor er im Jahre 1685 der *VOC* beitrat, die ihn von September 1690 bis Oktober 1692 als Faktoreiarzt nach Deshima entsandte. Nach seiner Rückkehr nach Europa schloss er im Jahre 1694 das Studium der Medizin an der Universität Leiden ab. Anschließend kehrte Kaempfer nach Lemgo zurück, wo er seine Aufzeichnungen zur Publikation vorbereitete und bis zu seinem Tod im Jahre 1716 als Arzt tätig war.[319]

Zu Lebzeiten konnte Kaempfer nur eine Schrift mit dem Titel *Amoenitates exoticae*[320] veröffentlichen, die er als Kostprobe seiner ausführlichen Landesbeschreibung Japans verstand. Für den Großteil seiner Aufzeichnungen fand er keinen Verleger.[321] Erst nach seinem Tod erschien im Jahre 1727 eine englische Fassung[322] und in den Jahren 1777 bis 1779 die erste deutsche Version[323] von Kaempfers Hauptwerk *Heutiges*

---

[318] Vgl. Haberland (1990) 17-28; Bodart-Bailey (1995b) 34.
[319] Vgl. Haberland (1990) 210-212.
[320] Siehe Kaempfer (1712a).
[321] Vgl. Bonn (2002) 71; Hüls (1982) 191.
[322] Siehe Kaempfer (1727a).
[323] Siehe Kaempfer (1727b).

Japan, jeweils in einer Erstauflage von ca. 200 Exemplaren.[324] Die Schrift wurde vielfach nachgedruckt und erfuhr bereits im 18. Jahrhundert hohe Wertschätzung bei Naturwissenschaftlern.[325] Auch fand sie dankbare Aufnahme bei den Protagonisten der europäischen Aufklärung.[326] Bis zum Erscheinen von Philipp Franz von Siebolds *Nippon*[327] in der Mitte des 19. Jahrhunderts galt Kaempfers Schrift als das Standardwerk über Japan.[328] Bei der Gliederung seines 498-seitigen Werkes[329] folgte Kaempfer grundsätzlich einer für Landesbeschreibungen in der zweiten Hälfte des 17. Jahrhunderts gattungstypischen Systematik.[330] Da er im Gegensatz zu den meisten Autoren seiner Zeit mit wissenschaftlicher Methodik arbeitete und dabei versuchte, Fehldeutungen und Stereotypen aus anderen

---

[324] Vgl. Bonn (2002) 76-80; Hüls (1982) 199-201. Beide Versionen wurden von den Übersetzern bzw. Herausgebern dem Zeitgeist gemäß inhaltlich angepasst. Insbesondere bei den Passagen zur Religion wurden die sachlichen Beschreibungen Kaempfers durch wertende ersetzt (vgl. Bodart-Bailey (1988) 16-25; Bonn (2002) 76, 80-81). Deshalb habe ich für meine Analyse die jüngste deutsche Ausgabe herangezogen, in der die Originalmanuskripte unverfälscht wiedergegeben wurden (siehe Kaempfer (1727c)).

[325] Vgl. Bodart-Bailey (1995a) 1; Haberland (1990) 91.

[326] Vgl. Haberland (1990) 91; Kapitza (2001 [1980]) 41.

[327] Siehe Siebold (1858).

[328] Vgl. Scurla (1982) 39; Wuthenow (1980) 129.

[329] Die Seitenanzahl bezieht sich auf die von Michel und Terwiel herausgegebene Ausgabe (siehe Kaempfer (1727c)).

[330] Vgl. Osterhammel (1989) 236.

Berichten zu korrigieren, gilt er heute als einer der ersten echten Forschungsreisenden.[331]

Kaempfer ging in seinem Werk ausführlich auf das japanische Regierungssystem und die Maßnahmen zur Untertanenkontrolle ein. In dem Kapitel zur Verwaltungsstruktur des Tokugawa-Staates auf kommunaler Ebene[332] findet sich eine knapp einseitige Abhandlung über die Praxis der *e-fumi*-Zeremonie im Raum Nagasaki.[333] Bereits im einleitenden Satz offenbart sich der im Vergleich zu Meister sachliche und emotionslose Stil Kaempfers, der sich bis zum Ende des Abschnitts fortsetzt:

> Die Jéfumi, das ist nach den Buchstaben. Die figur tretung, weil sie das bild des am Kreütz hangenden Christi, und noch ein anderes eines heiligen mit füssen treten, zum beweiß, das sie Christo und seinen bohten entsagen und abfluchen.[334]

Es folgt eine detaillierte Beschreibung des Zeitplans für die alljährliche Prozedur sowie eine Vorstellung der Beteiligten und ihrer Aufgaben.[335] Ob Kaempfer selbst Augenzeuge der Vorgänge war, bleibt unklar. An anderer Stelle beschrieb er, dass die *VOC*-Mitarbeiter nur ein- oder zweimal im Jahr Deshima verlassen durften, um Orte im Stadtgebiet Nagasakis aufzusuchen.[336]

---

[331] Vgl. Haberland (2010) 10-11; Schutte-Watt (1989) 523, 537; Wuthenow (1980) 17.
[332] Siehe Kaempfer (1727c) 228-237.
[333] Siehe Kaempfer (1727c) 233-234.
[334] Kaempfer (1727c) 233.
[335] Siehe Kaempfer (1727c) 233-234. Vgl. oben Kap. 3.2.2.
[336] Siehe Kaempfer (1727c) 271. Vgl. Bonn (2002) 55.

Viele der für seine Schrift verwendeten Informationen, möglicherweise auch die über die *e-fumi*-Zeremonie, hat Kaempfer nicht durch eigenes Erleben, sondern in Gesprächen mit seinem Diener Gen'emon Eisei Imamura erhalten.[337] Weitere wichtige Gewährsleute waren die Dolmetscher Namura Gonpachi und Narabayashi Chinzan.[338] Die in niederländischen Schriften des 18. und 19. Jahrhunderts geäußerten Vorwürfe, Kaempfer hätte sein Werk gar nicht selbst verfasst, sondern nur Aufzeichnungen des *opperhoofd* Johannes Camphuis übernommen, da er in seiner kurzen Aufenthaltsdauer gar nicht die Zeit gehabt hätte, derart detaillierte Informationen selbst zu sammeln, gelten als widerlegt.[339]

Kaempfer schloss die Ausführungen zum Bildtreten mit einer nüchternen Angabe zur räumlichen Verbreitung: „Diese Inquisition geschieht nuhr alhier und in den landen Omura und Bungo, alwo sich voriger Zeit die meiste Christen auffgehalten haben."[340] An keiner Stelle des Abschnitts über die *e-fumi*-Zeremonie findet sich eine Wertung oder Parteinahme Kaempfers zu den Vorgängen oder den Beteiligten. In anderen Kapiteln seines Werkes offenbarte Kaempfer jedoch seine Bewunderung für die Verhältnisse in Japan, die er mit einer Kritik an den Missionaren und an seinen nieder-

---

337 Vgl. Kaempfer (1727c) 6-7; Michel & Terwiel (2001b) 76-83; Bonn (2002) 54; Imai (1982) 69, 74.

338 Vgl. Michel & Terwiel (2001b) 83-86.

339 Siehe Imai (1982) 77-79; Bodart-Bailey (1995b) 18-20, 43.

340 Kaempfer (1727c) 234.

ländischen Arbeitgebern kontrastierte. In dem Abschnitt über die Religion[341] wird Kaempfers Achtung vor den verschiedenen japanischen Glaubensrichtungen deutlich, denen er mit Unvoreingenommenheit und Toleranz begegnete.[342] Die Voraussetzungen für die Ausbreitung der christlichen Religion waren seiner Ansicht nach gegeben:

> Wie unter allen Asiatischen Völckern und heÿden also ist unter diesem Volcke die freÿheit des glaubens, so lange er der Weltlichen Regierung nicht schädlich fället, jeder Zeit zugelassen worden. Wannenhero ausser der Einheimischen und in diesem lande entsprossenen Religion, noch verschiedene andere streitige Religionen alhier Platz genommen haben.[343]

Für das Scheitern der Missionierung und sogar für die Verfolgung der Christen machte er die Ungeduld der Missionare und deren Streben nach Erfolg und weltlichem Besitz verantwortlich:

> Welche letztere Religion [das Christentum] durch den preißwürdigen Eifer der Spanischen und Portugiesischen Geistlichen, sonderlich der Jesuiten [...] durch alle Provintzien und an viele höffe eingedrungen: beÿ welchem fortgange sonder Zweiffel der gröste theil dieser Nation sich Christen nennen solten: so nicht die impatience dieser Väter, die den ausschlag ihrer Anschläge alle Zeit selbst erleben und nach der Seelen auch das Zeitliche conquestieren wollen, die Majestet dieses Reichs zur höchsten Inclementze angereitzet,

---

341 Siehe Kaempfer (1727c) 172-206.

342 Vgl. Klueting (1993) 26-27; Bodart-Bailey (2015) 52; Osterhammel (1998) 401; Meier-Lemgo (1937) 166; Bonn (2002) 96.

343 Kaempfer (1727c) 173.

> und eine solche tyranereÿ über sich und diese neüe Christen erweckt [...].[344]

Nachdem die Hexenprozesse und die Nachwirkungen des Dreißigjährigen Krieges Kaempfers Jugend prägten, muss ihm der Umgang des japanischen Staates mit dem Christentum während seines Aufenthalts vergleichsweise human vorgekommen sein.[345] Die persönlichen Restriktionen hinsichtlich Bewegungsfreiheit und Religionsausübung, denen Kaempfer auf Deshima ausgesetzt war, kritisierte er zwar, im gleichen Atemzug erhob er aber auch Vorwürfe gegen seine niederländischen Arbeitgeber, die bereit waren, diese Einschränkungen widerstandslos hinzunehmen, um ihre Profite zu maximieren und in den Besitz des japanischen Silbers zu gelangen:[346]

> In welche dienstbarkeit und gefängnis, beÿ diesen stoltzen heiden uns zu unterwerffen, [...], Uns die liebe des Gewinnes, und der durchdringende Marck Ihrer Gebirge vermochten zu disponieren. Quid non mortalia pectora cogis Auri Sacra Fames! Virg. 3 Æen.[347]

---

344 Kaempfer (1727c) 173.

345 Vgl. Bodart-Bailey (2015) 48-49, 60; Bodart-Bailey (1990) 20; McOmie (2005) 47.

346 Vgl. Schutte-Watt (1989) 532; Meier-Lemgo (1937) 131-132; Kreiner (1984) 22; Meier-Lemgo (1960) 158; Kapitza (2001 [1980]) 23-24, 28.

347 Kaempfer (1616a) 260-261. „Verfluchte Gier nach Geld, wozu zwingst du nicht das Menschenherz." Übersetzung des lateinischen Zitats aus Vergils Aeneis, entnommen aus Meier-Lemgo (1937) 132.

Zu der Zeit, als Kaempfer in Japan lebte, hatte sich der Tokugawa-Staat nach den Wirren der ersten Jahrzehnte stabilisiert. Es herrschte eine Periode des Friedens und des Wohlstands.[348] Bereits in der Schrift *Amoenitates exoticae* hatte Kaempfer aus seiner Bewunderung für die Maßnahmen zur Abschließung des Landes, die erfolgreiche Zentralisierung der Macht und die ausgeklügelten Kontrollmechanismen des Polizeistaates keinen Hehl gemacht:[349]

> Sie können also izt alle Städte, Dörfer und Distrikte [...] in einer solchen strengen Ordnung halten, die in einem offenen Lande schlechterdings nicht nachzuahmen ist. Die Ehrfurcht der Landesfürsten ist niedergedrückt, die Halsstarrigkeit der Unterthanen gebändigt [...]. Sie können [...] alle Bürger, durch die Aufseher, mit denen sie unaufhörlich umgeben sind, zur strengen Unterwürfigkeit, Fleis und ehrbahren Leben anhalten, und das ganze Land gleichsam in eine Schule der Höflichkeit verwandeln.[350]

Die staatlichen Anstrengungen zur Verfolgung japanischer Christen waren für Kaempfer gerechtfertigte Maßnahmen zur Bewahrung des inneren Friedens.[351] Die *e-fumi*-Zeremonie betrachtete er als effektives Werkzeug in einem funktionierenden System zur Untertanenkontrolle, das er bewunderte und über das er sachlich, detailliert und vorwurfsfrei berichtete.

---

348 Vgl. McOmie (2005) 50; Takeshi (1990) 101.
349 Vgl. Schutte-Watt (1989) 536; Kreiner (1984) 31.
350 Kaempfer (1727b) 413.
351 Vgl. McOmie (2005) 48.

5.4 Der patriotische Kaufmann: Hendrik Doeff

Hendrik Doeff wurde am 2. Dezember 1777 in Amsterdam geboren. Seine Mutter war Anhängerin der lutherischen Variante des protestantischen Glaubens und ließ ihren Sohn entsprechend taufen. Nach der Schule begann Doeff eine kaufmännische Karriere. Im Alter von 19 Jahren trat er in die *VOC* ein, die in der zweiten Hälfte des 18. Jahrhunderts durch Missmanagement und nach Auseinandersetzungen mit dem englischen Handelsrivalen im Verfall begriffen war und schließlich im Jahre 1798 Konkurs anmelden musste.[352] Doeff war zunächst in Batavia stationiert, von wo aus er im Jahre 1799 nach Japan entsandt wurde. Die Niederlassung auf Deshima wurde auch nach dem Bankrott der *VOC* aufrechterhalten, obwohl die Handelsaktivitäten deutlich zurückgingen.[353] Doeff war in Japan zunächst als Schreiber und Lagerverwalter tätig, bevor er von 1803 bis 1817 die Position des *opperhoofd* innehatte.[354] Für die außergewöhnlich lange Amtszeit waren die durch die napoleonischen Kriege verursachten Wirren in seiner Heimat verantwortlich, die eine frühere Rückkehr erschwerten.[355] Während des britischen Interregnums auf Java von 1811 bis 1816 konnte Doeff sich erfolgreich gegen die Versuche des Gouverneurs Thomas Stamford Raffles erwehren, die Kontrolle über

[352] Vgl. Doeff (2003) vii; Blussé & Remmelink (2004) xxiii-xxiv.
[353] Vgl. Blussé & Remmelink (2004) xxiii; Schwidder (2006) 5.
[354] Vgl. Schwidder (2006) 5.
[355] Vgl. Doeff (2003) viii.

den Handelsposten auf Deshima zu erlangen. 1817 verließ Doeff Japan in Richtung Batavia, um zwei Jahre später in die Niederlande zurückzukehren. Dort war er bis zu seinem Tod im Jahre 1835 als Berater in Ostasien-Fragen für die Regierung und für verschiedene Unternehmen tätig.[356]

Während seines Aufenthalts auf Deshima hatte Doeff viel Zeit, die Sprache des Gastgeberlandes zu erlernen und ein forschendes Interesse an der japanischen Kultur zu entwickeln.[357] Die Ergebnisse seiner Studien fasste er in seinen Memoiren zusammen, die 1833 unter dem Titel *Herinneringen uit Japan*[358] veröffentlicht wurden. Die Schrift stieß bereits im 19. Jahrhundert auf reges Interesse, insbesondere bei britischen Historikern und Landeskundlern.[359] Doeff schilderte in seinen Memoiren nicht nur eigene Erlebnisse. Er wies ausdrücklich darauf hin, dass die *daghregister*-Aufzeichnungen seiner Vorgänger, mündliche Aussagen seiner japanischen Bediensteten und die Schriften von Thunberg und van Haaren wichtige Quellen für ihn waren.[360]

Doeffs 163-seitige Schrift[361] enthält ein Kapitel über die Christenverfolgung in Japan, in dem er die *e-fumi-*

---

[356] Vgl. Schwidder (2006) 5.

[357] Vgl. McOmie (2005) 74; Schwidder (2006) 5; Doeff (2003) ix-x.

[358] Siehe Doeff (1833).

[359] Vgl. Doeff (2003) v-vi.

[360] Siehe Doeff (1833) 24, 27, 31-32.

[361] Die Angabe der Anzahl der Seiten bezieht sich auf die englischsprachige Ausgabe aus dem Jahre 2003 (siehe Doeff (1833)), die ich für meine Auswertungen verwendet habe.

Zeremonie mehrfach thematisierte. Doeffs sachliche Beschreibung der Untersuchung potenzieller Christen ist kurz und stark an die von ihm genannten Quellen angelehnt.[362] Viel größeren Raum nehmen seine energischen Versuche ein, die Niederländer gegen den Vorwurf zu verteidigen, sie hätten der Handelsvorteile wegen das Christentum verleugnet und sich bereitwillig der *e-fumi*-Zeremonie unterzogen. Gleich zu Beginn seiner Ausführungen argumentierte Doeff, seine Landsleute wären niemals verpflichtet gewesen, Bilder zu treten, da die Japaner bereit waren, die von den Niederländern praktizierte Variante des christlichen Glaubens zu akzeptierten:

> A law was thus enacted that all inhabitants of Nagasaki and its environs, starting on the fourth day after New Year, had to kick a statue of Christ or some saints with their feet. This law did not apply to the Dutch, who have never done this. Though the Japanese know very well that we are Christians, they do not consider us *like the Portuguese Christians*.[363]

Doeff bescheinigte den Japanern sogar eine besondere Sensibilität bezüglich der religiösen Empfindungen der Niederländer. Er untermauerte seine Aussage durch die Schilderung einer Begebenheit, die sich während seiner Anwesenheit in Japan im Jahre 1801 ereignete. Bei der Untersuchung einer südostasiatischen Schiffsbesatzung durften die an der Untersuchung

---

[362] Vgl. Doeff (1833) 29.

[363] Doeff (1833) 24.

beteiligten Niederländer den Raum verlassen, als es zum Bildtreten kam:

> Yet as far as the Dutch are concerned, the Japanese are so considerate that they even do not talk about this matter [*e-fumi*]. [...] the governor had ordered these people, whom he didn't know, to trample on the crucifix. In order not to offend the Dutch, he had not wanted this to take place in their presence. [...] From this, one can see that the Japanese know and honor our religious sensibilities.[364]

Die wiederholten Vorwürfe gegen die Niederländer führte Doeff auf den Neid anderer Nationen zurück:

> [...] the behavior of the Dutch in Japan [is erroneously] portrayed as if they had to show that they renounced the Christian faith by trampling on a statue of Christ. It is possible that the envy of other nations invented this slander because we are the *only* favored *European* nation in Japan [...].[365]

Am Ende seiner Ausführungen zur *e-fumi*-Zeremonie berief sich Doeff erneut auf seine Gewährsmänner und wies alle Vorwürfe entschieden zurück: „I can hereby attest that the stories of renouncements of faith, and the trampling on crucifixes of the Dutch, are pure fiction."[366] Hierbei ignorierte er, dass gerade der von ihm hochgeschätzte Onno Zwier van Haaren[367] bereits auf den einen Fall hingewiesen hatte, bei dem sich

---

364 Doeff (1833) 29-30.
365 Doeff (1833) 27.
366 Doeff (1833) 31.
367 Siehe Doeff (1833) 27.

niederländische Seeleute der *e-fumi*-Zeremonie unterziehen mussten.[368]

Das Thema *e-fumi* und die aus seiner Sicht verleumderische Darstellung des Verhaltens der Niederländer in europäischen Schriften des 17. und 18. Jahrhunderts hat Doeff offensichtlich sehr beschäftigt.[369] Er stand dabei unter dem Eindruck der instabilen politischen Verhältnisse in seinem Heimatland und des Niedergangs der *VOC*, dessen letzte Phase er selbst miterlebt hatte. Auch die persönliche Auseinandersetzung mit dem Briten Raffles wird seine Empfindungen beeinflusst haben. Gerade in Großbritannien, dem Land des Siegers in dem Kampf um die Vormachtstellung im Asienhandel, waren immer wieder Texte erschienen, in denen die stereotypen Vorwürfe gegen die Niederländer kolportiert wurden.[370] Wie im folgenden Auszug aus einer Schrift von Patrick Barclay, einem britischen Autor, der selbst niemals Japan betreten hatte, war in sogenannten Reiseberichten und Landesbeschreibungen regelmäßig das Klischee vom bildtretenden Niederländer enthalten:

> [The] *Dutchman* who has been at *Japan* since that persecution first began, and has declar'd himself no Christian, and, as a sign of it, has trampled the cross under his feet, which, as I observ'd before, is as formal

[368] Vgl. van Haaren (1775) 637-638, vgl. oben Kap. 4.2.1.

[369] Vgl. oben Kap. 4.2.1.

[370] Vgl. Claydon (2007) 49-50; Shimada & Shimada (1994) 154-162.

> a *denying of* CHRIST *crucified*, as if they had renounce'd their baptism, if ever they had any.[371]

Ähnliche Beschreibungen findet man bei Herman Moll,[372] Jonathan Carver,[373] George Henry Millar[374] sowie in der in England erschienen Übersetzung einer französischen Schrift von Louis Pierre Anquetil,[375] neutralere Darstellungen bei William Hurd[376] sowie bei Daniel Fenning und Joseph Collyer.[377] Der Autor des Japan-Eintrags in der 3. Ausgabe der Encyclopædia Britannica nahm dagegen Partei für die Niederländer.[378] Doeff machte keine Aussagen darüber, welche dieser Texte er tatsächlich kannte. Vielleicht hatte er auch den damals populären satirischen Roman *Gulliver's Travels* von Jonathan Swift gelesen, in dem der britische Autor die Gewinnsucht der Niederländer in Japan brandmarkte und die *e-fumi*-Zeremonie thematisierte.[379] In jedem Fall waren Doeff derartige Vorwürfe ein Dorn im Auge. In seinen Memoiren wollte er als zeitweiliger Augenzeuge der Vorgänge eine Gegenposition aufbauen und die Anschuldigungen der britischen Autoren widerlegen. Dies gelang ihm tatsächlich, wie die bereits erwähnte positive Rezeption seines

---

371 Barclay (1735) 684.
372 Siehe Moll (1712) 820.
373 Siehe Carver (1779) 27.
374 Siehe Millar (1785) 163.
375 Siehe Anquetil (1800) 599-600.
376 Siehe Hurd (1780) 102-103.
377 Siehe Fenning & Collyer (1780) 20.
378 Siehe Encyclopædia Britannica (1797) 70.
379 Siehe Swift (1727) 201-202. Vgl. Mochizuki (2009) 71; Kapitza (2001) 24.

Werkes, gerade im Vereinigten Königreich, zeigt. So ist beispielsweise in einer Japanschrift der Britin Margaret Blait Busk aus dem Jahre 1852 nichts mehr von den klischeehaften Vorwürfen gegen die Niederländer zu finden. Stattdessen zitierte die Autorin Doeff und übernahm dessen Interpretation der Vorgänge um die *e-fumi*-Zeremonie.[380] Doeff selbst hat diese Genugtuung nicht mehr erlebt, da er bereits zwei Jahre nach der Veröffentlichung seines Werkes starb.

Doeffs Schrift ist das einzige Beispiel für eine emotionale Schilderung zur *e-fumi*-Zeremonie durch einen niederländischen *opperhoofd*. Seine Betroffenheit begründete sich jedoch nicht, wie bei Meister, auf Mitgefühl für die japanischen Christen, sondern darauf, dass er patriotische Gefühle entwickelte und seine Landsleute energisch gegen die aus seiner Sicht verleumderischen Vorwürfe anderer Nationen verteidigte.

---

[380] Siehe Busk (1852) 38-43.

6 Zusammenfassung

Die Untersuchung hat gezeigt, dass die *e-fumi*-Zeremonie keine kuriose Randerscheinung war, sondern ein zentrales Instrument zur Christenverfolgung und Untertanenkontrolle im Tokugawa-Staat. Bei der Einführung der Zeremonie im Jahre 1629, am Höhepunkt der Verfolgungsaktivitäten, machte sich die Inquisitionsbehörde die kulturelle Konditionierung der japanischen Christen durch die Missionare nutzbar, indem sie die Kraft christlicher Symbole anerkannte und deren Wirkung umkehrte. Deshalb wurde die *e-fumi*-Zeremonie zu einem effektiven Werkzeug zur Identifizierung versteckter Christen. Für die Wirksamkeit der Methode spielte es keine Rolle, dass später nur noch ungeweihte, auf Veranlassung der Inquisitionsbehörde hergestellte Objekte verwendet wurden. Im Laufe der Zeit entwickelten die japanischen Christen jedoch Abwehrmechanismen, die ihnen die Teilnahme an dem frevlerischen Akt ohne Aufgabe ihres Glaubens ermöglichten. Gerade die Missachtung der missionarischen Vorgaben zum Verhalten bei der *e-fumi*-Zeremonie war eine Voraussetzung dafür, dass das Christentum in Japan die mehr als zwei Jahrhunderte andauernde Verfolgung überdauern konnte. Mitte des 17. Jahrhunderts wurde die *e-fumi*-Zeremonie zu einem integralen Bestandteil des komplexen Systems zur Untertanenkontrolle im Tokugawa-Staat. Dabei bekam der Akt des Tretens eine zusätzliche symbolische Bedeutung, die über die demonstrative Ablehnung des Christentums hinausging. Durch die Teilnahme an der jährlich minutiös durchorganisierten und für alle verbindlichen Prozedur sollte die Loyalität zum Tokugawa-Staat nachgewiesen und die Zurückweisung europäischer Einflüsse demonstriert werden. Obwohl sich das Ritual im 18. und 19. Jahrhundert von einer scharfen Kontrollmaßnahme zu einem jährlich praktizierten Brauch wandelte, blieb diese Bedeutung bis zur Abschaffung der Zeremonie nach der Landesöffnung erhalten.

Der Aufbau eines ausgeklügelten Systems zur Untertanenkontrolle war eine Reaktion des Tokugawa-*bakufu* auf die vorausgegangenen Missionierungsaktivitäten der Europäer. Dies zeigt sich auch daran, dass wesentliche Elemente des Überwachungsapparates, wie die *e-fumi*-Zeremonie und das *gonin-gumi*-System, zuerst in den Regionen eingeführt wurden, in denen das Christentum sich am frühesten etabliert und am stärksten verbreitet hatte. Durch Analyse der Vorgänge um die *e-fumi*-Zeremonie wurde nachgewiesen, dass sich die Einflussnahme der Europäer auch nach dem Verbot des Christentums und dem Inkrafttreten der Abschließungsedikte fortsetzte. Insbesondere die Mitarbeit des zuvor in leitender missionarischer Funktion tätigen ehemaligen Jesuiten Cristovão Ferreira an der Ausgestaltung und Durchführung der Zeremonie war von erheblicher Bedeutung für die Wirksamkeit der Glaubensprüfung, obwohl es keine Hinweise darauf gibt, dass er oder andere Apostaten sich selbst der Prozedur des Bildtretens unterziehen mussten.

Am Beispiel der *e-fumi*-Zeremonie konnte gezeigt werden, dass es in der Zeit der vermeintlichen Landesabschließung nicht nur in den Bereichen Wissenschaft und Handel, sondern auch hinsichtlich religiöser Aspekte zu einem Informationsfluss und zu einer Wechselwirkung zwischen Japan und Europa kam. Träger und Übermittler der Informationen waren die auf Deshima stationierten Mitarbeiter der *VOC*, die das Thema in ihren *daghregister*-Einträgen und ihren ausführlichen Schriften über Japan aufgriffen. Der Blick auf die emotionale Verarbeitung der Vorgänge um die *e-fumi*-Zeremonie hat gezeigt, dass die Darstellungen in den Texten der *VOC*-Mitarbeiter von der Art der Berichterstattung, der Persönlichkeit des Beobachters und von der jeweils aktuellen Situation in Japan und Europa geprägt waren. Die *opperhoofden* gaben in ihren kurzen *daghregister*-Eintragungen kaum Einblicke in ihr Gefühlsleben. Der Gärtner Georg Meister zeigte dagegen als bekennender Christ Sympathie und Mitleid für seine verfolgten japanischen Glaubensbrüder und richtete seine Kritik gegen die aus seiner Sicht heidnische Obrigkeit. Der Arzt Engelbert Kaempfer beschrieb in seiner nüchtern wissenschaftlichen Art zwar den eigentlichen Vorgang der *e-fumi*-Zeremonie emotionslos, offenbarte an anderer Stelle aber seine Bewunderung für das japanische System, die er mit einer deutlichen Kritik an den katholischen Missionaren und seinen niederländischen Arbeitgebern verband. Der *opperhoofd* Hendrik Doeff zeigte wenig Mitgefühl für die japanischen Christen. Seine Schilderungen wurden jedoch emotional und patriotisch, als er seine Landsleute energisch gegen die vermeintlich verleumderischen Vorwürfe britischer Autoren verteidigte.

Ausgelöst durch die Berichte der *VOC*-Mitarbeiter wirkten die Vorgänge um die *e-fumi*-Zeremonie nach Europa zurück. Dies zeigte sich insbesondere in der fortwährenden Diskussion des Vorwurfs, die Niederländer hätten sich freiwillig der Prozedur des Bildtretens unterzogen. Zwei europäische Konfliktfelder beeinflussten diesen Disput. Im 17. und frühen 18. Jahrhundert waren es vor allem die rivalisierenden konfessionellen Gruppen, die das Thema aufgriffen. Katholische Autoren, insbesondere die Mitglieder der Societas Jesu, richteten ihre Kritik zunächst auf die aus ihrer Sicht heidnischen und gotteslästerlichen Methoden der japanischen Obrigkeit, dehnten diese aber bald auf das vermeintlich opportunistische und den christlichen Glauben verleugnende Verhalten der niederländischen Protestanten aus. Im 18. und frühen 19. Jahrhundert war es dann der Wettbewerb um die europäische Vormachtstellung im Asienhandel, der die Diskussion prägte. Die Niederländer sahen sich immer wieder Vorwürfen britischer Autoren ausgesetzt, sie hätten bereitwillig und regelmäßig an der *e-fumi*-Zeremonie teilgenommen, um das Handelsmonopol in Japan zu erlangen und zu verteidigen. Derartige Aussagen finden sich bis in die heutige Zeit in der Forschungsliteratur. Durch Analyse der Primärquellen konnte plausibel gemacht werden, dass diese Anschuldigungen unberechtigt sind. Niederländer mussten sich wohl nur in einem einzigen Fall der *e-fumi*-Zeremonie unterziehen, als den japanischen Behörden die

Nationalität der Betroffenen unklar war. Schon früh war es den leitenden *VOC*-Mitarbeitern in einer Phase der Vertrauensbildung durch geschicktes Argumentieren und pragmatisches Handeln gelungen, die japanische Obrigkeit von der Abgrenzung des protestantischen vom katholischen Glauben zu überzeugen. Dadurch erlangten sie nicht nur das Handelsmonopol, sondern auch das exklusive Recht, von der Verpflichtung zum Bildtreten ausgenommen zu sein.

7 Anhang

7.1 Quellenverzeichnis

Accarias de Serionne, Jacques. Die Handlung von Holland, oder Abriß von der holländischen Handlung in den vier Theilen der Welt. Frankfurt und Leipzig 1770 (*erstmals veröffentlicht in französischer Sprache 1768: La commerce de la Hollande, ou tableau du commerce des Hollandois dans les quatres parties du monde*). Ausz. hg. u. komm. v. Kapitza, Peter in ders. 1990: Japan in Europa: Texte und Bilddokumente zur europäischen Japankenntnis von Marco Polo bis Wilhelm von Humboldt: Band 2. München: Iudicium. S. 590. *Zit. Accarias de Serionne (1768).*

Anquetil, Louis P. A Summary of Universal History in Nine Volumes. Vol. V. London 1800. *Zit. Anquetil(1800).*

Barclay, Patrick. The Universal Traveller or, A Complete Account of the Most Remarkable Voyages and Travels of Eminent Men of our Own, and Other Nations, to the Present Time. London 1735. *Zit. Barclay (1735).*

Bijlvelt, Wilhem & Schaep, Hendrick Cornelisz. *Debriefing Report aus dem Jahre 1643*. Ausz. übers., zit. u. komm. v. Hesselink, Reinier H. in ders. 2002: Prisoners from Nambu: Reality and Make-believe in 17th-Century Japanese Diplomacy. Honolulu: University of Hawai'i Press. S. 60, 98. *Zit. Bijlvelt & Schaep (1643).*

Boockesteijn, Pieter. *Daghregister-Eintragung vom 30. Januar 1732*. Ausz. übers. u. hg. v. van der Velde, Paul & Bachofner, Rudolf, in dies. 1992: The Deshima Diaries: Marginalia 1700-1740. Tōkyō: The Japan-Netherlands Institute. S. 391. *Zit. Boockesteijn (1732).*

Busk, Margaret B. Manners and Customs of the Japanese: Japan and the Japanese in the Nineteenth Century. From Recent Dutch Travels, Especially the Narrative of von Siebold. London 1852. *Zit. Busk (1852).*

Caesar, Martinus. *Daghregister-Eintragung vom 9. Juli 1673.* Ausz. übers. u. hg. v. Boxer, Charles Ralph in ders. 1979: Jan Compagnie in Japan 1672-1674 or Anglo-Dutch

Rivalry in Japan and Formosa, in Moscato, Michael (Hg.): Papers on Portuguese, Dutch, and Jesuit Influences in 16th- and 17th-Century Japan: Writings of Charles Ralph Boxer. Washington: University Publications of America. S. 147-211, dort. S. 189-193. *Zit. Caesar (1673).*

Caron, François & Schouten, Joost. Wahrhaftige Beschreibungen zweyer mächtigen Königreiche / Jappan und Siam. Nürnberg 1663. Hg. u. komm. v. Haberland, Detlef in ders. 2000: François Caron. Beschreibung des mächtigen Königreichs Japan. Stuttgart: Jan Thorbecke. (Fremde Kulturen in alten Berichten, 10). S. 77-175. *Zit. Caron & Schouten (1663).*

Carver, Jonathan. The New Universal Traveller: Containing a Full and Distinct Account of All the Empires, Kingdoms, and States, in the Known World. London 1779. *Zit. Carver (1779).*

Crasset, Jean. The History of the Church of Japan. Vol II. London 1707. Zit. *Crasset (1707).*

da Silveira, Gonçalo. *Schreiben an Manuel Diaz vom 19. November 1635*. Übers., zit. u. komm. v. Cieslik, Hubert (SJ) in ders. 1974: The Case of Christovão Ferreira, in Monumenta Nipponica 29 (1), S. 1-54, dort S. 18-19. *Zit. da Silveira (1635).*

de Fontaney, Joannis (SJ). *Schreiben an R. Patrem de la Chaize vom 15. Januar 1704*. Hg. u. komm. v. Kapitza, Peter in ders. 1990: Japan in Europa: Texte und Bilddokumente zur europäischen Japankenntnis von Marco Polo bis Wilhelm von Humboldt: Band 2. München: Iudicium. S. 51-52. *Zit. de Fontaney (1637).*

Doeff, Hendrik. Herinneringen uit Japan. Haarlem 1833. Übers., hg. u. komm. v. Doeff, Annick M. in dies. 2003: Hendrik Doeff: Recollections of Japan. Victoria: Trafford Publishing. S. 1-163. *Zit. Doeff (1833).*

Duport du Tetre, François Joachim. Des Herrn Duport du Tetre Geschichte der sowohl alten als neuern Verschwörungen, Meutereyen und merkwürdigen Revolutionen: Vierter Theil. Breslau 1765 (*erstmals veröffentlicht in französischer Sprache 1756: Histoire des conjurations, conspirations et révolutions célebres, tant anciennes que modernes*). Ausz. hg. u. komm. v. Kapitza, Peter in ders. 1990: Japan in Europa: Texte und Bilddokumente zur europäischen Japankenntnis von Marco Polo bis Wilhelm von Humboldt: Band 2. München: Iudicium. S. 504-506. *Zit. Duport du Tetre (1756).*

Fenning, Daniel & Collyer, Joseph. A New System of Geography or, A General Description of the World: Vol. I. London 1780. *Zit. Fenning & Collyer (1780).*

Francisci, Erasmo. Neu=polirter Geschicht= Kunst und Sitten=Spiegel ausländischer Völcker. Nürnberg 1670. Ausz. hg. u. komm. v. Kapitza, Peter in ders. 1990: Japan in Europa: Texte und Bilddokumente zur europäischen Japankenntnis von Marco Polo bis Wilhelm von Humboldt: Band 1. München: Iudicium. S. 748-782. *Zit. Franzisci (1670).*

Fortuyn, Pim. Tegen de islamisering van onze cultuur: Nederlandse identiteit als fundament. Utrecht 1997. Zit. *Fortuyn (1997).*

Gemelli-Careri, Giovanno Francesco. A Voyage Round the World, by Dr. John Francis Gemelli Careri. Part IV. Containing the Most Remarkable Things He Saw in China. London 1745 (*erstmals veröffentlicht in italienischer Sprache 1699: Giro intorno al mondo*). Ausz. hg. u. komm. v. Kapitza, Peter in ders. 1990: Japan in Europa: Texte und Bilddokumente zur europäischen Japankenntnis von Marco Polo bis Wilhelm von Humboldt: Band 2. München: Iudicium. S. 31. *Zit. Gemelli-Careri (1699).*

Gysbertszoon, Reyer. De Tyrannije ende Wreedtheden der Jappanen. Amsterdam 1637. Übers. v. Arnold, Christoph. Hg. u. komm. v. Kapitza, Peter in ders. 1990: Japan in Europa: Texte und Bilddokumente zur europäischen Japankenntnis von Marco Polo bis Wilhelm von Humboldt: Band 1. München: Iudicium. S. 498-508. *Zit. Gysbertszoon (1637).*

Harris, Townsend. Journal No. 4: Commencing February 26, 1857, and Ending December 7, 1857. Hg. u. komm. v. Cosenza, Mario Emilio in ders. 1930: The Complete Journal of Townsend Harris: First American Consul General and Minister to Japan. Garden City: Doubleday, Doran. Zit. *Harris (1857).*

Hazart, Cornelius (SJ). Kirchen-Geschichte. Wien 1678. Ausz. hg. u. komm. v. Kapitza, Peter in ders. 1990: Japan in Europa: Texte und Bilddokumente zur europäischen Japankenntnis von Marco Polo bis Wilhelm von Humboldt: Band 1. München: Iudicium. S. 659-669. *Zit. Hazart (1678).*

Hurd, William. A New Universal History of the Religious Rites, Ceremonies, and Customs of the Whole World. London 1780. *Zit. Hurd (1780).*

Indijck, Hendrik. *Daghregister-Eintragungen vom 4. und 5. Januar 1661.* Ausz. übers. u. hg. v. Viallé, Cynthia & Blussé, Leonard in dies. 2010: The Deshima Dagregisters. Volume XII: 1660-1670. Leiden: Institute for the History of European Expansion. S. 4. *Zit. Indijck (1661).*

Indijck, Hendrik. *Daghregister-Eintragung vom 8. Februar 1663.* Ausz. übers. u. hg. v. Viallé, Cynthia & Blussé, Leonard in dies. 2010: The Deshima Dagregisters. Volume XII: 1660-1670. Leiden: Institute for the History of European Expansion. S. 69. *Zit. Indijck (1663).*

Inoue, Masashige & Hōjō, Ujinaga. Kirishito-ki [*Bericht über das Christentum*]. *Verfasst 1658-1670.* Übers., hg. u. komm. v. Voss, Gustav & Cieslik, Hubert (SJ) in dies. 1940: Kirishito-ki und Sayō-yoroku: Japanische Dokumente zur Missionsgeschichte des 17. Jahrhunderts. Tōkyō: Sophia University. (Monumenta Nipponica Monographs, 1). S. 41-109. *Zit. Inoue & Hōjō (1670).*

Kaempfer, Engelbert. Amoenitates exoticae [*Exotische Köstlichkeiten*]. Lemgo 1712. *Zit. Kaempfer (1712a).*

Kaempfer, Engelbert. Amoenitates exoticae [*Exotische Köstlichkeiten*]. Lemgo 1712. Ausz. übers. u. hg. v. Dohm, Christian W. in ders. 1779: Engelbert Kämpfers Geschichte und Beschreibung von Japan. Band 2. Lemgo. S. 385-470. *Zit. Kaempfer (1712b).*

Kaempfer, Engelbert. Heutiges Japan. *Verfasst 1690-1716.* Übers. u. hg. v. Scheuchzer, Johann Caspar in ders. 1727:

Engelbert Kaempfer: The History of Japan. London. S. 1-391. *Zit. Kaempfer(1727a).*

Kaempfer, Engelbert. Heutiges Japan. *Verfasst 1690-1716 (erstmals veröffentlicht in englischer Sprache 1727: The History of Japan*). Hg. u. komm. v. Dohm, Christian W. in ders. 1779: Engelbert Kämpfers Geschichte und Beschreibung von Japan. 2 Bände. Lemgo. *Zit. Kaempfer (1727b).*

Kaempfer, Engelbert. Heutiges Japan. *Verfasst 1690-1716, (erstmals veröffentlicht in englischer Sprache 1727: The History of Japan*). Hg. u. komm. v. Michel, Wolfgang & Terwiel, Barend J. in dies. 2001: Engelbert Kaempfer. Heutiges Japan. München: Iudicium. (Engelbert Kaempfer: Werke, 1,1). S. 1-500. *Zit. Kaempfer (1727c).*

Kaibara, Ekiken. Chikuzenkoku Zoku-Fudoki [*Aufzeichnungen zur Natur und Geschichte des Landes Chikuzen*]. 1709. Ausz. übers., hg. u. komm. v. Voss, Gustav & Cieslik, Hubert (SJ) in dies. 1940: Kirishito-ki und Sayō-yoroku: Japanische Dokumente zur Missionsgeschichte des 17. Jahrhunderts. Tōkyō: Sophia University. (Monumenta Nipponica Monographs, 1). S. 166-168. *Zit. Kaibara (1709).*

Kao, Dionysius. Kurtze beschreibung des Mächtigen Käyserthums China. Frankfurt 1707. Ausz. hg. u. komm. v. Kapitza, Peter in ders. 1990: Japan in Europa: Texte und Bilddokumente zur europäischen Japankenntnis von Marco Polo bis Wilhelm von Humboldt: Band 2. München: Iudicium. S. 75-77. *Zit. Kao (1707).*

Kawahara, Jingobei. Sayō-yoroku [*Verschiedene Schriften über die Untersuchung des Christentums*]. *Verfasst 1672-1691.* Ausz. übers., hg. u. komm. v. Voss, Gustav & Cieslik, Hubert (SJ) in dies. 1940: Kirishito-ki und Sayō-yoroku: Japanische Dokumente zur Missionsgeschichte des 17. Jahrhunderts. Tōkyō: Sophia University. (Monumenta Nipponica Monographs, 1). S. 110-157. *Zit. Kawahara (1691).*

Le Jeune, Pierre-Claude. Kritische und Philosophische Bemerkungen ueber Japan und die Japaner. Breslau 1782 (*erstmals veröffentlicht in französischer Sprache 1780: Observations critiques et philosophiques sur le Japon et sur les Japonais*).

Ausz. hg. u. komm. v. Kapitza, Peter in ders. 1990: Japan in Europa: Texte und Bilddokumente zur europäischen Japankenntnis von Marco Polo bis Wilhelm von Humboldt: Band 2. München: Iudicium. S. 685-696. *Zit. Le Jeune (1780).*

Le Maire, Maximiliaen. *Daghregister-Eintragung vom 13. August 1641.* Hg. u. komm. v. Historiographical Institute in dies. 1984: Diaries Kept by the Heads of the Dutch Factory in Japan: Vol. V: Februarius 14 - October 31, 1641. Tōkyō: Kokusai Print. S. 142-143. *Zit. Le Maire (1641).*

Luther, Martin. Von den Jü=den und iren Lügen. Vom Schem Hamphoras der Jüden / und vom Geschlecht Christi. Wider die Sabbather / und der Jüden Lügen und betrug. Leipzig 1577 (*erstmals veröffentlicht 1543*). *Zit. Luther (1543).*

Meister, Georg. Der Orientalisch-Indianische Kunst- und Lust-Gärtner. Dresden 1692. *Zit. Meister(1692).*

Mendes de Moura, Manuel. *Schreiben an Manuel Diaz aus dem Jahre 1635.* Übers., zit. u. komm. v. Cieslik, Hubert (SJ) in ders. 1974: The Case of Christovão Ferreira, in Monumenta Nipponica 29(1), S. 1-54, dort S. 20. *Zit. Mendes de Moura (1635).*

Millar, George H. 1785. The New and Universal System of Geography. London 1792. *Zit Millar (1785).*

Millot, Claude François Xavier. Élémens d'histoire Générale ancienne et modern. Paris 1778. Übers u. komm. v. Christiani, Ernst. Ausz. hg. u. komm. v. Kapitza, Peter in ders. 1990: Japan in Europa: Texte und Bilddokumente zur europäischen Japankenntnis von Marco Polo bis Wilhelm von Humboldt: Band 2. München: Iudicium. S. 664-665. *Zit. Millot (1778).*

Moll, Herman 1712. Atlas Geographus. Vol III. London 1712. *Zit. Moll(1712).*

Montanus, Arnoldus. Denckwürdige Gesandtschafften der Ost-Indischen Gesellschaft in den Vereinigten Niederländern / an unterschiedliche Keyser von Japan. Amsterdam 1670 (*erstmals veröffentlicht in niederländischer Sprache 1669: Gedenkwardige Gesantschappen der Oost-Indische Maatschappy in't Vereenigde Nederland, aen de Kaisaren wan Japan*). Zit. *Montanus(1669).*

Ohne Autor. *Annalen des Ōmura-han von 1658*. Ausz. übers., zit. u. komm. v. Cieslik, Hubert (SJ) in ders. 1951: Die Goningumi im Dienste der Christenüberwachung, in Monumenta Nipponica 7(1/2), S. 102-155, dort S. 123-124. *Zit. Annalen (1658).*

Ohne Autor. *Direktive der Heeren Zeventien an den opperhoofd auf Deshima vom 13. April 1652*. Ausz. übers., zit. u. komm. v. Blussé, Leonard in van der Velde, Paul & Bachofner, Rudolf 1992: *The Deshima Diaries: Marginalia 1700-1740*. Tōkyō: The Japan-Netherlands Institute. S. xvi. *Zit. Direktive (1652).*

Ohne Autor. *Lexikoneintrag über Japan*. 1797. Hg. v. MacFarquhar, Colin & Gleig, George in dies. 1797: Encyclopædia Britannica: Or, A Dictionary of Arts, Sciences, and Miscellaneous Literature, Vol. IX. 3. Auflage. Edinburgh. *Zit. Encyclopædia Britannica (1797).*

Ohne Autor, Kiyōzakki [*Verschiedene Aufzeichnungen über das gute Land*]. *Genaues Entstehungsdatum unbekannt, ca. 1800*. Ausz. übers., zit. u. komm. v. Cieslik, Hubert (SJ) in ders. 1974: The Case of Christovão Ferreira, in Monumenta Nipponica 29(1), S. 1-54, dort S. 25. *Zit. Kiyōzakki (1800).*

Ohne Autor. Sokkyo-hen [*Kompilation von Schriften über Unterdrückung und Verbote*]. Mito 1860. Ausz. übers., hg. u. komm. v. Voss, Gustav & Cieslik, Hubert (SJ) in dies. 1940: Kirishito-ki und Sayō-yoroku: Japanische Dokumente zur Missionsgeschichte des 17. Jahrhunderts. Tōkyō: Sophia University. (Monumenta Nipponica Monographs, 1). S. 168-169 u. 178-182. *Zit. Sokkyo-hen (1860).*

Ohne Autor. *Untersuchungsordnung des Ōmura-han von 1675*. Ausz. übers., zit. u. komm. v. Cieslik, Hubert (SJ) in ders. 1951: Die Goningumi im Dienste der Christenüberwachung, in Monumenta Nipponica 7(1/2), S. 102-155, dort S. 125-126. *Zit. Untersuchungsordnung (1675).*

Ohne Autor. *Freundschafts- und Handelsvertrag zwischen den Vereinigten Staaten und Japan, unterzeichnet am 29. Juli 1858*. Hg. u. komm v. Beasley, W. G. in ders. 1960: Japanese Foreign Policy: 1853-1868. London: Oxford University Press. S. 156-194. *Zit. Vertrag (1858).*

Ohne Autor. *Zertifikat zur Apostasie des Kyūsuke und seiner Ehefrau von 1645*. Übers., zit. u. komm. v. Cieslik, Hubert (SJ) in ders. 1974: The Case of Christovão Ferreira, in Monumenta Nipponica 29(1), S. 1-54, dort S. 26-27. *Zit. Zertifikat (1645).*

Overtwater, Pieter Anthonijsz. *Daghregister-Eintragung vom 17. März 1643*. Hg. u. komm. v. Historiographical Institute in dies. 1989: Diaries Kept by the Heads of the Dutch Factory in Japan: Vol. VII: October 29, 1642 - November 8, 1643. Tōkyō: Kokusai Print. S. 32-36. *Zit. Overtwater (1643a).*

Overtwater, Pieter Anthonijsz. *Daghregister-Eintragungen vom 4., 25. und 27. Juli 1643*. Hg. u. komm. v. Historiographical Institute in dies. 1989: Diaries Kept by the Heads of the Dutch Factory in Japan: Vol. VII: October 29, 1642 - November 8, 1643. Tōkyō: Kokusai Print. S. 48-52. *Zit. Overtwater (1643b).*

Poppe, Johann Friedrich. Characteristik der merkwürdigsten Asiatischen Nationen. Zweyter Theil. Breslau 1777. Ausz. hg. u. komm. v. Kapitza, Peter in ders. 1990: Japan in Europa: Texte und Bilddokumente zur europäischen Japankenntnis von Marco Polo bis Wilhelm von Humboldt: Band 2. München: Iudicium. S. 647-650. *Zit. Poppe (1777).*

Psalmanaazaar, George. An Historical and Geographical Description of Formosa, an Island Subject to the Emperor of Japan. London 1704. Übers. v. Hübner, Philipp Georg. Ausz. hg. u. komm. v. Kapitza, Peter in ders. 1990: Japan in Europa: Texte und Bilddokumente zur europäischen Japankenntnis von Marco Polo bis Wilhelm von Humboldt: Band 2. München: Iudicium. S. 56-67. *Zit. Psalmanaarzaar (1704).*

Rubino, Antonio (SJ). *Schreiben an den Generalsuperior in Rom vom 2. November 1639*. Übers., zit. u. komm. v. Cieslik, Hubert (SJ) in ders. 1959: P. Pedro Kasui (1587-1639): Der letzte japanische Jesuit der Tokugawa-Zeit, in Monumenta Nipponica 15(1/2), S. 35-86, dort S. 84-85. *Zit. Rubino (1639).*

Salmon, Thomas. Modern History: Or, the Present State of All Nations. London 1727. Übers. v. van Goch, Matthias. Ausz. hg. u. komm. v. Kapitza, Peter in ders. 1990: Japan in Europa: Texte und Bilddokumente zur europäischen Japankenntnis von Marco Polo bis Wilhelm von Humboldt: Band 2. München: Iudicium. S. 295-301. *Zit. Salmon (1727).*

Siebold, Philipp Franz von. Nippon: Archiv zur Beschreibung von Japan und dessen Neben- und Schutzländern, Jezo mit den Südlichen Kurilen, Sachalin, Korea und den Liukiu-Inseln. 2. Aufl., 2 Bände. Würzburg 1897 (*erstmals veröffentlicht 1832-1858*). *Zit. Siebold (1858).*

Six, Daniel. *Daghregister-Eintragung vom 30.10.1668.* Ausz. übers. u. hg. v. Viallé, Cynthia & Blussé, Leonard, in dies. 2010: The Deshima Dagregisters. Volume XII: 1660-1670. Leiden: Institute for the History of European Expansion. S. 281. *Zit. Six (1668).*

Sōsetsu, Ro. *Schreiben an Watanabe Gunzō vom 22. August 1726.* Übers., zit. u. komm. v. Cieslik, Hubert (SJ) in ders. 1974: The Case of Christovão Ferreira, in Monumenta Nipponica 29(1), S. 1-54, dort S. 26. *Zit. Sōsetsu (1726).*

Swift, Jonathan. Gulliver's Travels. London 1726. Übers., hg. u. komm. v. Fox, Christopher in ders. 1995: Jonathan Swift. Gulliver's Travels: Complete, Authorative Text with Biographical and Historical Contexts, Critical History, and Essays from Five Contemporary Critical Perspectives. Boston, New York: St. Martin's Press. *Zit. Swift (1727).*

Tant, Gideon. *Daghregister-Eintragung vom 31. August 1704.* Ausz. übers. u. hg. v. Blussé, Leonard & van der Velde, Paul in dies. 1990: The Deshima Dagregisters: Vol. III: 1700-1710. Leiden: Centre for the History of European Expansion. S. 92. *Zit. Tant (1704a).*

Tant, Gideon. *Daghregister-Eintragung vom 3. September 1704.* Ausz. übers. u. hg. v. Blussé, Leonard & van der Velde, Paul in dies. 1990: The Deshima Dagregisters: Vol. III: 1700-1710. Leiden: Centre for the History of European Expansion. S. 93. *Zit. Tant (1704b).*

Thanner, Mathia (SJ). Die Gesellschaft Jesu biß zur vergiessung ihres Blutes wider den Götzendienst / Unglauben /

und Laster / für GOtt / den wahren Glauben / und Tugendten in allen vier Theilen der Welt streitend. Prag 1683. Ausz. hg. u. komm. v. Kapitza, Peter in ders. 1990: Japan in Europa: Texte und Bilddokumente zur europäischen Japankenntnis von Marco Polo bis Wilhelm von Humboldt: Band 1. München: Iudicium. S. 863-869. *Zit. Thanner (1683).*

Thunberg, Carl Peter. Resa Uti Europa, Africa, Asia, Förrättad Åren 1770-1779. Upsala 1793. Übers. v. Sprengel, Kurt. Ausz. hg. u. komm. v. Kapitza, Peter in ders. 1990: Japan in Europa: Texte und Bilddokumente zur europäischen Japankenntnis von Marco Polo bis Wilhelm von Humboldt: Band 2. München: Iudicium. S. 713-743. *Zit. Thunberg (1793).*

van Elserack, Jan. *Daghregister-Eintragung vom 22. August 1642*. Hg. u. komm. v. Historiographical Institute in dies. 1986: Diaries Kept by the Heads of the Dutch Factory in Japan: Vol. VI: November 1, 1641 - October 29, 1642. Tōkyō: Kokusai Print. S. 106-109. *Zit. van Elserack (1642).*

van Elserack, Jan. *Daghregister-Eintragung vom 24. November 1643*. Ausz. übers., zit. u. komm. v. Hesselink, Reinier H. in ders. 2002: Prisoners from Nambu: Reality and Make-believe in 17th-Century Japanese Diplomacy. Honolulu: University of Hawai'i Press. S. 99. *Zit. van Elserack (1643a).*

van Elserack, Jan. *Daghregister-Eintragung vom 18. Dezember 1643*. Hg. u. komm. v. Historiographical Institute in dies. 1993: Diaries Kept by the Heads of the Dutch Factory in Japan: Vol. VIII: November 8, 1643 - November 24, 1644. Tōkyō: Kokusai Print. S. 72-76. *Zit. van Elserack (1643b).*

van Haaren, Onno Zwier. Van Japan: Met Betrekking tot de Hollandse Natie, en de Christelyke Gods-Dienst. Zwolle 1775. Ausz. hg. u. komm. v. Kapitza, Peter in ders. 1990: Japan in Europa: Texte und Bilddokumente zur europäischen Japankenntnis von Marco Polo bis Wilhelm von Humboldt: Band 2. München: Iudicium. S. 632-638. *Zit. van Haaren (1775).*

van Overmeer Fischer, Johannes Frederik. Bijdrage tot de kennis van het Japansche rijk. Amsterdam 1833. *Zit. van Overmeer Fischer(1833).*

Vermeulen, Herbert. *Daghregister-Eintragungen vom 11. bis 13. Februar 1758.* Ausz. übers. u. hg. v. Blussé, Leonard & Remmelink, Willem in dies. 2004: The Deshima Diaries: Marginalia 1740-1800. Tōkyō: The Japan-Netherlands Institute. S. 236. *Zit. Vermeulen (1758).*

Voltaire. Versuch einer Schilderung der Sitten und des Geistes der Nationen. Berlin 1787 (*erstmals veröffentlicht in französischer Sprache 1753: Abrégé de l'histoire universelle depuis Charlemagne jusques à Charlequint*). Ausz. hg. u. komm. v. Kapitza, Peter in ders. 1990: Japan in Europa: Texte und Bilddokumente zur europäischen Japankenntnis von Marco Polo bis Wilhelm von Humboldt: Band 2. München: Iudicium. S. 465-469. *Zit. Voltaire (1753).*

Voltaire. Candide, ou l'optimisme. Paris 1759. Übers., hg. u. komm. v. Littell, Philip in ders. 1918: Candide by Voltaire. New York: The Modern Library. *Zit. Voltaire (1759).*

7.2 Literaturverzeichnis

Anesaki, Masaharu 1930. *A Concordance to the History of Kirishitan Missions: Catholic Missions in Japan in the Sixteenth and Seventeenth Centuries.* Tōkyō: Academy Ueno Park.

Anesaki, Masaharu 1938. Prosecution of Kirishitans after the Shimabara Insurrection, in *Monumenta Nipponica* 1(2), S. 293-300.

Bailey, Gauvin A. 1999. *Art on the Jesuit Missions in Asia and Latin America: 1542-1773.* Toronto, Buffalo, London: University of Toronto Press.

Beasley, William G. 1960. *Japanese Foreign Policy: 1853-1868.* London: Oxford University Press.

Beckmann, Johann 1808. *Litteratur der älteren Reisebeschreibungen: Nachrichten von ihren verfassern, von ihrem Inhalte, von ihren Ausgaben und Übersetzungen. 1. Band.* Göttingen: Johann Friedrich Röwer.

Berger, Friedemann & Bonsack, Wilfried 1973. *Georg Meister: Der Orientalisch-Indianische Kunst- und Lustgärtner.* Weimar: Gustav Kiepenheuer.

Blussé, Leonard & Remmelink, Willem 2004. *The Deshima Diaries: Marginalia 1740-1800.* Tōkyō: The Japan-Netherlands Institute.

Blussé, Leonard & van der Velde, Paul 1989. *The Deshima Dagregisters: Vol. IV: 1710-1720.* Leiden: Centre for the History of European Expansion.

Blussé, Leonard & van der Velde, Paul 1990. *The Deshima Dagregisters: Vol. III:* 1700-1710. Leiden: Centre for the History of European Expansion.

Blussé, Leonard & van der Velde, Paul 1991. *The Deshima Dagregisters: Vol. VI: 1730-1740.* Leiden: Centre for the History of European Expansion.

Bodart-Bailey, Beatrice M. 1988. Kaempfer Restor'd, in *Monumenta Nipponica* 43(1), S. 1-33.

Bodart-Bailey, Beatrice M. 1990. Engelbert Kämpfer (1651-1716), in Kreiner, Josef (Hg.): *Doitsujin no mita Genroku jidai Kenperuten (Engelbert Kämpfer – ein Deutscher sieht das Japan der Genroku-Periode).* Tōkyō: Kyūryūdō, S. 20-21.

Bodart-Bailey, Beatrice M. 1995a. Introduction: The Furthest Goal, in Bodart-Bailey, Beatrice M. & Massarella, Derek (Hg.): *The Furthest Goal: Engelbert Kaempfers Encounter with Tokugawa Japan.* Folkstone: Japan Library, S. 1-16.

Bodart-Bailey, Beatrice M. 1995b. Writing the History of Japan, in Bodart-Bailey, Beatrice M. & Massarella, Derek (Hg.): *The Furthest Goal: Engelbert Kaempfers Encounter with Tokugawa Japan.* Folkstone: Japan Library, S. 17-43.

Bodart-Bailey, Beatrice M. 2015. Engelbert Kaempfer, the Witch Hunt and Japan, in *Otsuma Journal of Comparative Culture* 16(3), S. 48-61.

Bonn, Gerhard 2002. *Engelbert Kaempfer (1651-1716): Der Reisende und sein Einfluß auf die europäische Bewußtseinsbildung über Asien.* Frankfurt am Main, Berlin, Bern, Brüssel, New

York, Oxford, Wien: Peter Lang. (Europäische Hochschulschriften, 968).

Boxer, Charles Ralph 1979. Jan Compagnie in Japan 1672-1674 or Anglo-Dutch Rivalry in Japan and Formosa, in Moscato, Michael (Hg.): *Papers on Portuguese, Dutch, and Jesuit Influences in 16th- and 17th-Century Japan: Writings of Charles Ralph Boxer*. Washington: University Publications of America, S. 147-211.

Boxer, Charles Ralph 1993 (erstmals erschienen 1951). *The Christian Century in Japan: 1549-1650*. Manchester: Carcanet.

Breen, John 1988. Heretics in Nagasaki: 1790-1796, in Nish, Ian (Hg.): *Contemporary European Writing on Japan: Scholary Views from Eastern and Western Europe*. Woodchurch: Norbury, S. 10-16.

Breen, John & Williams, Mark 1996. Introduction, in Breen, John & Williams, Mark (Hg.): *Japan and Christianity: Impacts and Responses*. Basingstoke, London: MacMillan, S. 1-7.

Cary, Otis 1909. *A History of Christianity in Japan: Roman Catholic and Greek Orthodox Missions*. New York, Chicago, Toronto, London, Edinburgh: Fleming H. Revell.

Cieslik, Hubert (SJ) 1950a. Das Christen-Verbot in Japan unter dem Tokugawa-Regime: Teil 1, in *Neue Zeitschrift für Missionswissenschaft* 6, S. 175-192.

Cieslik, Hubert (SJ) 1950b. Das Christen-Verbot in Japan unter dem Tokugawa-Regime: Teil 2, in *Neue Zeitschrift für Missionswissenschaft* 6, S. 256-272.

Cieslik, Hubert (SJ) 1951a. Das Christen-Verbot in Japan unter dem Tokugawa-Regime: Teil 3, in *Neue Zeitschrift für Missionswissenschaft* 7, S. 24-36.

Cieslik, Hubert (SJ) 1951b. Die Goningumi im Dienste der Christenüberwachung, in *Monumenta Nipponica* 7(1/2), S. 102-155.

Cieslik, Hubert (SJ) 1957a. Das Schicksal der letzten Japanmissionare im 17. Jahrhundert: Teil 1, in *Neue Zeitschrift für Missionswissenschaft* 13, S. 9-28.

Cieslik, Hubert (SJ) 1957b. Das Schicksal der letzten Japanmissionare im 17. Jahrhundert: Teil 2, in *Neue Zeitschrift für Missionswissenschaft* 13, S. 119-138.

Cieslik, Hubert (SJ) 1959. P. Pedro Kasui (1587-1639): Der letzte japanische Jesuit der Tokugawa-Zeit, in *Monumenta Nipponica* 15(1/2), S. 35-86.

Cieslik, Hubert (SJ) 1974. The Case of Christovão Ferreira, in *Monumenta Nipponica* 29(1), S. 1-54.

Claydon, Tony 2007. *Europe and the Making of England, 1660-1760*. Cambridge, New York, Melbourne, Madrid, Cape Town, Singapore, São Paulo: Cambridge University Press.

Cooper, Michael (SJ) 1996. Early Western Style Paintings in Japan, in Breen, John & Williams, Mark (Hg.): *Japan and Christianity: Impacts and Responses*. Basingstoke, London: MacMillan, S. 30-45.

Cosenza, Mario Emilio 1930. *The Complete Journal of Townsend Harris: First American Consul General and Minister to Japan*. Garden City: Doubleday, Doran.

Croissant, Doris & Ledderose, Lothar 1993. *Japan und Europa 1543-1929: Eine Ausstellung der "43. Berliner Festwochen" im Martin Gropius-Bau Berlin*. Berlin: Argon.

Doeff, Annick M. 2003. *Hendrik Doeff: Recollections of Japan*. Victoria: Trafford Publishing.

dos Santos, José M. 2011. *A Study in Cross-Cultural Transmission of Natural Philosophy: The Kenkon Bensetsu*. Dissertation. Universidade Nova de Lisboa. Lissabon.

Dubois, Bruno 2012. Réalité et imaginaire, le Japon vu par le XVIIIe siècle français. Dissertation. Université de Bourgogne.

Dussinger, John, A. 1992. Gulliver in Japan: Another Possible Source, in *Notes and Queries* 39(4), S. 464-467.

Elison, George 1991 (erstmals erschienen 1973). *Deus Destroyed: The Image of Christianity in Early Modern Japan*. Cambridge, London: Harvard University Press. (Harvard East Asian Monographs, 141).

Funk, Franz Xaver von. 1890. *Lehrbuch der Kirchengeschichte*. Rottenburg: Bader.

Gombrich, Richard 1966. The Consecration of a Buddhist Image, in *The Journal of Asian Studies* 26(1), S. 23-36.

Goodman, Grant K. 1986. *Japan: The Dutch Experience*. London, Dover: Athlone Press.

Gunn, Geoffrey C. 2003. *First Globalization: The Eurasian Exchange, 1500-1800*. Lanham, Boulder, New York, Toronto, Oxford: Rowman & Littlefield.

Gutiérrez, Fernando G. 1971. A Survey of Nanban Art, in Cooper, Michael (SJ) (Hg.): *The Southern Barbarians*. Tōkyō, Palo Alto: Kodansha, S. 147-206.

Haberland, Detlef 1990. *Von Lemgo nach Japan: Das ungewöhnliche Leben des Engelbert Kämpfer 1651 bis 1716*. Bielefeld: Westfalen Verlag.

Haberland, Detlef 2010. Zwischen Autoritäten und Autonomie: Wissenstransfer Japan-Europa im 17. Jahrhundert am Beispiel Engelbert Kaempfers, in *Ferrum: Nachrichten aus der Eisenbibliothek* 82, S. 7-14.

Hall, John W. 1991. The Cambridge History of Japan: Vol. 4: Early Modern Japan. Cambridge, New York, Melbourne: Cambridge University Press.

Hammer, Veit 2009. Zum Dresdner Leben des Georg Meister (1653-1713), in *Sudhoffs Archiv* 93(2), S. 215-222.

Hammer, Veit 2010. *Georg Meister (1653-1713): Ein biographischer Versuch*. München: Iudicium. (OAG-Taschenbuch, 91).

Hesselink, Reinier H. 2002a. Memorable Embassies: The Secret History of Arnoldus Montanus' "Gedenkwaerdige Gesantschappen", in *Quaerendo* 32(1-2), S. 99-123.

Hesselink, Reinier H. 2002b. *Prisoners from Nambu: Reality and Make-believe in 17th-Century Japanese Diplomacy*. Honolulu: University of Hawai'i Press.

Hesselink, Reinier H. 2005. A New Guide to an Old Source, in *Monumenta Nipponica* 60(4), S. 513-523.

Hesselink, Reinier H. 2016. *The Dream of Christian Nagasaki: World Trade and the Clash of Cultures*. Jefferson: McFarland & Company.

Higashibaba, Ikuo 2001. *Christianity in Early Modern Japan: Kirishitan Belief and Practice*. Leiden, Boston, Köln: Brill. (Brill's Japanese Studies Library, 16).

Hildreth, Richard 1902 (erstmals erschienen 1855). *Japan as it Was and Is*. Tōkyō: Sanshūsha.

Historiographical Institute 1974a. *Diaries Kept by the Heads of the Dutch Factory in Japan: Vol. I: September 6, 1633 - December 31*, 1635. Tōkyō: Kokusai Print.

Historiographical Institute 1974b. *Diaries Kept by the Heads of the Dutch Factory in Japan: Vol. II: January 1, 1636 - August 7, 1637*. Tōkyō: Kokusai Print.

Historiographical Institute 1977. *Diaries Kept by the Heads of the Dutch Factory in Japan: Vol. III: Augustus 9, 1637 - Februarius 3, 1639*. Tōkyō: Kokusai Print.

Historiographical Institute 1981. *Diaries Kept by the Heads of the Dutch Factory in Japan: Vol. IV: Februarius 4, 1639 - Februarius 13, 1641*. Tōkyō: Kokusai Print.

Historiographical Institute 1984. *Diaries Kept by the Heads of the Dutch Factory in Japan: Vol. V: Februarius 14 - October 31, 1641*. Tōkyō: Kokusai Print.

Historiographical Institute 1986. *Diaries Kept by the Heads of the Dutch Factory in Japan: Vol. VI: November 1, 1641 - October 29, 1642*. Tōkyō: Kokusai Print.

Historiographical Institute 1989. *Diaries Kept by the Heads of the Dutch Factory in Japan: Vol. VII: October 29, 1642 - November 8, 1643*. Tōkyō: Kokusai Print.

Historiographical Institute 1993. *Diaries Kept by the Heads of the Dutch Factory in Japan: Vol. VIII: November 8, 1643 - November 24, 1644*. Tōkyō: Kokusai Print.

Historiographical Institute 1999. *Diaries Kept by the Heads of the Dutch Factory in Japan: Vol. IX: November 24, 1644 - October 27, 1646*. Tōkyō: Kokusai Print.

Historiographical Institute 2003. *Diaries Kept by the Heads of the Dutch Factory in Japan: Vol. X: October 28, 1646 - October 10, 1647*. Tōkyō: Kokusai Print.

Historiographical Institute 2007. *Diaries Kept by the Heads of the Dutch Factory in Japan: Vol. XI: November 3, 1647 - November 5, 1649*. Tōkyō: Kokusai Print.

Historiographical Institute 2013. *Diaries Kept by the Heads of the Dutch Factory in Japan: Vol. XII: November 5, 1649 - December 31, 1651*. Tōkyō: Kokusai Print.

Hitzig, Julius E. 1826. *Gelehrtes Berlin im Jahre 1825: Verzeichniss im Jahre 1825 in Berlin lebender Schriftsteller und ihrer Werke*. Berlin: Ferdinand Dümmler.

Hüls, Hans 1982. Zur Geschichte des Drucks von Kaempfers "Geschichte und Beschreibung von Japan" und zur sozialökonomischen Struktur von Kaempfers Lesepublikum im 18. Jahrhundert, in Hüls, Hans & Hoppe, Hans (Hg.): *Engelbert Kaempfer zum 330. Geburtstag: Gesammelte Beiträge zur Engelbert-Kaempfer-Forschung und zur Frühzeit der Asienforschung in Europa*. Lemgo: F. L. Wagener, S. 191-208.

Imai, Tadashi 1982. Engelbert Kaempfer und seine Quellen, in Hüls, Hans & Hoppe, Hans (Hg.): *Engelbert Kaempfer zum 330. Geburtstag: Gesammelte Beiträge zur Engelbert-Kaempfer-Forschung und zur Frühzeit der Asienforschung in Europa*. Lemgo: F. L. Wagener, S. 63-82.

Jennes, Joseph 1973. *A History of the Catholic Church in Japan*. Tōkyō: Oriens Institute for Religious Research.

Kamstra, Jaques H. 1993. Kakure Kirishitan: The Hidden or Secret Christians of Nagasaki, in *Nederlands Theologisch Tijdschrift* 47(2), S. 139-150.

Kapitza, Peter 1990a. *Japan in Europa: Texte und Bilddokumente zur europäischen Japankenntnis von Marco Polo bis Wilhelm von Humboldt*: Band 1. München: Iudicium.

Kapitza, Peter 1990b. *Japan in Europa: Texte und Bilddokumente zur europäischen Japankenntnis von Marco Polo bis Wilhelm von Humboldt*: Band 2. München: Iudicium.

Kapitza, Peter 2001 (erstmals erschienen 1980). *Engelbert Kaempfer und die europäische Aufklärung: Dem Andenken des Lemgoer Reisenden aus Anlaß seines 350. Geburtstags am 16. September 2001*. München: Iudicium.

Kaufmann, Thomas D. 2004. *Toward a Geography of Art*. Chicago, London: The University of Chicago Press.

Kaufmann, Thomas D. 2010. Interpreting Cultural Transfer and the Consequences of Markets and Exchange: Reconsidering Fumi-e, in North, Michael (Hg.): *Artistic and*

Cultural Exchanges between Europe and Asia, 1400 - 1900: Rethinking Markets, Workshops and Collections. Farnham: Ashgate, S. 135-162.

Kawai, Hayao 1994. The Transformation of Biblical Myths in Japan, in *Diogenes* 42(1), S. 49-66.

Keene, Donald 1969 (erstmals erschienen 1952). *The Japanese Discovery of Europe, 1720-1830*. Stanford: Stanford University Press.

Klueting, Harm 1993. Zwischen Konfessionalisierung, Hexenverfolgung und Frühaufklärung: Die Welt, aus der Engelbert Kaempfer 1690 nach Nagasaki kam, um Japan für die europäische Aufklärung zu entdecken, in Haberland, Detlef (Hg.): *Engelbert Kämpfer - Werk und Wirkung: Vorträge der Symposien in Lemgo (19.-22.9.1990) und in Tokyo (15.-18.12.1990)*. Stuttgart: Franz Steiner, S. 13-29.

Kreiner, Josef 1984. Deutschland – Japan: Die frühen Jahrhunderte, in Kreiner, Josef (Hg.): *Deutschland – Japan: Historische Kontakte*. Bonn: Bouvier. (Studium Universale, 3), S. 1-54.

Küenburg, Max von (SJ) 1938. Kirishitan Yashiki, das ehemalige Christengefängnis in Koishikawa, in *Monumenta Nipponica* 1(2), S. 592-596.

Kuitert, Wybe 1991. Georg Meister: A Seventeenth Century Gardener and His Reports on Oriental Garden Art, in *Japan Review* 2, S. 125-143.

Lach, Donald F. & van Kley, Edwin J. 1993a. *Asia in the Making of Europe: Volume III: A Century of Advance. Book I: Trade, Missions, Literature*. Cicago, London: The University of Chicago Press.

Lach, Donald F. & van Kley, Edwin J. 1993b. *Asia in the Making of Europe: Volume III: A Century of Advance. Book IV: East Asia*. Chicago, London: The University of Chicago Press.

Legêne, Susan 1998. *De bagage van Blomhoff en Van Breugel: Japan, Java, Tripoli en Suriname in de negentiende-eeuwse Nederlandse cultuur van et imperialisme*. Amsterdam: Koninklijk Instituut voor de Tropen.

Leuchtenberger, Jan C. 2013. *Conquering Demons: The "Kirishitan", Japan, and the World in Early Modern Japanese*

Literature. Ann Arbor: Center for Japanese Studies. (Michigan Monograph Series in Japanese Studies, 75).

Marega, Mario 1939. E-Fumi, in *Monumenta Nipponica* 2(1), S. 281-286.

McOmie, William 2005. *Foreign Images and Experiences of Japan: Volume I: First Century to 1841*. Folkstone: Global Oriental.

Meier-Lemgo, Karl 1937. *Engelbert Kämpfer, der erste deutsche Forschungsreisende 1651-1716: Leben, Reisen, Forschungen, nach den bisher unveröffentlichten Handschriften Kämpfers im Britischen Museum*. Stuttgart: Strecker und Schröder.

Meier-Lemgo, Karl 1960. *Engelbert Kaempfer (1651-1716) erforscht das seltsame Asien*. Hamburg: Cram, de Gruyter.

Michel, Wolfgang 1986. Die Japanisch-Studien des Georg Meister (1653-1713), in *Studies in German and French Literature* 35, S. 1–50.

Michel, Wolfgang 1999. *Von Leipzig nach Japan: Der Chirurg und Handelsmann Caspar Schamberger (1623-1706)*. München: Iudicium.

Michel, Wolfgang & Terwiel, Barend J. 2001a. *Engelbert Kaempfer. Heutiges Japan*. München: Iudicium. (Engelbert Kaempfer: Werke, 1,1).

Michel, Wolfgang & Terwiel, Barend J. 2001b. *Engelbert Kaempfer. Heutiges Japan*. München: Iudicium. (Engelbert Kaempfer: Werke, 1,2).

Mochizuki, Mia M. 2009. Deciphering the Dutch in Deshima, in Kaplan, Benjamin; Carlson, Marybeth & Cruz, Laura (Hg.): *Boundaries and Their Meanings in the History of the Netherlands*. Leiden, Boston: Brill. (Studies in Central European Histories, 48), S. 63-94.

Montané, Carla T. 2012. *Sacred Space and Ritual in Early Modern Japan: The Christian Community of Nagasaki (1569-1643)*. Dissertation. University of London. London.

Morris-Suzuki, Tessa 1998. *Reinventing Japan: Time, Space, Nation*. Armonk: Sharpe.

Muntschick, Wolfgang 1984. Ein Manuskript von Georg Meister, dem Kunst- und Lustgärtner, in der British Library, in *Medizinhistorisches Journal* 19(3), S. 225-232.

Murakami, Naojiro 1940. Vorwort, in Voss, Gustav & Cieslik, Hubert (SJ): *Kirishito-ki und Sayō-yoroku: Japanische Dokumente zur Missionsgeschichte des 17. Jahrhunderts*. Tōkyō: Sophia University. (Monumenta Nipponica Monographs, 1), S. I-IV.

Murdoch, James 1903. *A History of Japan: Vol II: During the Century of Early Foreign Intercourse (1542-1651)*. Kobe: Chronicle.

Murdoch, James 1926. *A History of Japan: Vol III: The Tokugawa Epoch 1652-1868*. London: Kegan Paul, Trench, Trubner.

Nachod, Oskar 1897. *Die Beziehungen der Niederländischen Ostindischen Kompagnie zu Japan im siebzehnten Jahrhundert*. Leipzig: Friese.

Nosco, Peter 1993. Secrecy and the Transmission of Tradition: Issues in the Study of the "Underground" Christians, in *Japanese Journal of Religious Studies* 20(1), S. 3-29.

Nosco, Peter 2014. Early Modern Religions and the Construction of Japanese Individuality, in *Asian Cultural Studies* 20 (13-22).

Ōhashi, Yukihiro 1996. New Perspectives on the Early Tokugawa Persecution, in Breen, John & Williams, Mark (Hg.): *Japan and Christianity: Impacts and Responses*. Basingstoke, London: MacMillan, S. 46-62.

Orii, Yoshimi 2015. The Dispersion of Jesuit Books Printed in Japan: Trends in Bibliographical Research and in Intellectual History, in *Journal of Jesuit Studies* 2, S. 189-207.

Osterhammel, Jürgen 1989. Reisen an die Grenze der alten Welt: Asien im Reisebericht des 17. und 18. Jahrhunderts, in Brenner, Peter J. (Hg.): *Der Reisebericht: Die Entwicklung einer Gattung in der deutschen Literatur*. Frankfurt am Main: Suhrkamp, S. 224-260.

Osterhammel, Jürgen 1998. *Die Entzauberung Asiens: Europa und die asiatischen Reiche im 18. Jahrhundert*. München: C. H. Beck.

Osterhammel, Jürgen 2006. Welten des Kolonialismus im Zeitalter der Aufklärung, in Lüsebrink, Hans-Jürgen (Hg.): *Das Europa der Aufklärung und die außereuropäische koloniale Welt*. Göttingen: Wallstein, S. 19-38.

Pacheco, Diego (SJ) 1971. The Europeans in Japan, 1543-1640, in Cooper, Michael (SJ) (Hg.): *The Southern Barbarians*. Tōkyō, Palo Alto: Kodansha, S. 35-98.

Pagés, Léon 1869. *Histoire de la religion chrétienne au Japon, depuis 1598 jusqu'à 1651, comprenant les faits relatifs aux deux cent cinq martyrs béatifiés le 7 juillet 1867*. Paris: Charles Douniol.

Pigulla, Andreas 1996. *China in der deutschen Weltgeschichtsschreibung vom 18. bis zum 20. Jahrhundert*. Wiesbaden: Harrassowitz. (Veröffentlichungen des Ostasien-Instituts der Ruhr-Universität Bochum, 34).

Prunier, Maurice M. 1939. Des peintures a fouler aux pieds, in *Bulletin de la Maison Franco-Japonaise* 11(1-4), S. 162-167.

Reimers, Carolin 2000. Aus der Zeit der Christenverfolgungen in Japan (1587-1873): Das Tretbild mit der Rosenkranzmadonna im Rautenstrauch-Jost-Museum, in *Kölner Museums Bulletin* (4), S. 33-41.

Roessingh, Marius P. 1964. *Inventaris van de archieven van de Nederlandse Factorij in Japan te Hirado [1609-1641] en te Deshima [1641-1860], 1609-1860*. Den Haag.

Sakamaki, Shunzo 1939. *Japan and the United States, 1790-1853: A Study of Japanese Contacts with and Conceptions of the United States and its People Prior to the American Expedition of 1853-4*. Tōkyō: Kyo Bun Kwan, Kegan Paul, Trench, Trubner. (The Transactions of the Asiatic Society of Japan, Second Series, XVIII).

Schatz, Klaus 2015. *"... Dass diese Mission eine der blühendsten des Ostens werde...": P. Alexander de Rhodes (1593-1660) und die frühe Jesuitenmission in Vietnam*. Münster: Aschendorff.

Schrimpf, Monika 2000. *Zur Begegnung des japanischen Buddhismus mit dem Christentum in der Meiji-Zeit (1868-1912)*. Wiesbaden: Otto Harrassowitz. (Studies in Oriental Religions, 48).

Schüffner, Rudolf 1938. *Die Fünferschaft als Grundlage der Staats- und Gemeindeverwaltung und des sozialen Friedens in Japan zur Zeit der Taikawa-Reform und in der Tokugawa-Periode*. Leipzig: Otto Harrassowitz. (Mitteilungen der

Deutschen Gesellschaft für Natur- und Völkerkunde Ostasiens, XXX Teil E).

Schütte, Joseph (SJ) 1940. Ist P. Christovao Ferreira als Märtyrer gestorben? Nach dem Bericht eines japanischen "Mandarinen" in Tonking, in Voss, Gustav & Cieslik, Hubert (SJ): *Kirishito-ki und Sayō-yoroku: Japanische Dokumente zur Missionsgeschichte des 17. Jahrhunderts*. Tōkyō: Sophia University. (Monumenta Nipponica Monographs, 1), S. 202-208.

Schutte-Watt, Helga 1989. Engelbert Kaempfers Geschichte und Beschreibung von Japan als Reiseliteratur, in *Daphnis* 18(3), S. 521-539.

Schwidder, L. E. G. 2006. *Guide & Concordance to 'Dutch Trade in Asia, Part 1: Papers of Hendrik Doeff on Japan and the East Indies, c. 1800-1835'*. Den Haag, Amsterdam: Moran Micropublications.

Screech, Timon 1996. *The Western Gaze and Popular Imagery in Later Edo Japan: The Lens within the Heart.* Cambridge: Cambridge University Press. (Cambridge Studies in New Art History and Criticism).

Scurla, Herbert 1982. *Reisen in Nippon: Berichte deutscher Forscher des 17. und 19. Jahrhunderts aus Japan*. Berlin: Verlag der Nation.

Shimada, Takau & Shimada, Yuriko 1994. *Fumi-e: Gaikokujin ni yoru fumi-e no kiroku*. Tōkyō: Yūshōdō shuppan. (Tōzai kōryū sōsho, 7).

Stapelbroek, Koen 2011. Economic Reform and Neutrality in Dutch Political Pamphlets (1741-1779), in Deen, Femke, Onnekink, David & Reinders, Michel (Hg.): *Pamphlets and Politics in the Dutch Republic*. Leiden, Boston: Brill. (Library of the Written World, 12), S. 173-206.

Steichen, Michael 1900. *The Christian Daimyos: A Century of Religious and Political History in Japan (1549-1650)*. Tōkyō: Rikkyo Gakuin Press.

Takekoshi, Yosoburo 2004 (erstmals erschienen 1930). *The Economic Aspects of the History of the Civilization of Japan.* London: Routledge.

Takeshi, Moriya 1990. Gesellschaft und Kultur der Genroku-Periode, wie sie Engelbert Kämpfer sah, in Kreiner, Josef (Hg.): *Doitsujin no mita Genroku jidai Kenperuten (Engelbert Kämpfer - ein Deutscher sieht das Japan der Genroku-Periode).* Tōkyō: Kyūryūdō, S. 101.

Turnbull, Stephen 1998. *The Kakure Kirishitan of Japan: A Study of Their Development, Beliefs and Rituals to the Present Day.* Richmond: Japan Library.

Urubshurow, Victoria K. 2009. *Introducing World Religions.* State College: Journal of Buddhist Ethics Online Books.

van der Velde, Paul 1990. Deshima, mon amour: The Publishing of the Marginals of the Deshima Diaries, 1680-1860, in Brown, Yu-Ying (Hg.): *Japanese Studies: Papers Presented at a Colloquium at the School of Oriental and African Studies, University of London, 14 - 16 September 1988*. London: British Library. (British Library Occasional Papers, 11), S. 102-112.

van der Velde, Paul & Bachofner, Rudolf 1992. *The Deshima Diaries: Marginalia 1700-1740.* Tōkyō: The Japan-Netherlands Institute.

Vaporis, Constantine N. 2012. *Voices of Early Modern Japan: Contemporary Accounts of Daily Life During the Age of the Shoguns*. Santa Barbara: Greenwood.

Vermeulen, Ton 1986. *The Deshima Dagregisters: Vol. I. 1680-1690*. Leiden: Centre for the History of European Expansion.

Vermeulen, Ton 1989. *The Deshima Dagregisters: Vol. II: 1690-1700*. Leiden: Centre for the History of European Expansion.

Vermeulen, Ton 1990. *The Deshima Dagregisters: Vol V. 1720-1730*. Leiden: Centre for the History of European Expansion.

Vermeulen, Ton 1993. *The Deshima Dagregisters: Vol VII. 1740-1760*. Leiden: Centre for the History of European Expansion.

Vermeulen, Ton 1994. *The Deshima Dagregisters: Vol. VIII. 1760-1780*. Leiden: Centre for the History of European Expansion.

Viallé, Cynthia 1996. *The Deshima Dagregisters: Vol. IX. 1780-1790*. Leiden: Centre for the History of European Expansion.

Viallé, Cynthia 1997a. *The Deshima Dagregisters: Vol. X. 1790-1800*. Leiden: Centre for the History of European Expansion.

Viallé, Cynthia 1997b. *The Deshima Dagregisters: Vol. XI. 1641-1650*. Leiden: Centre for the History of European Expansion.

Viallé, Cynthia 2005. *The Deshima Dagregisters: Vol XII. 1650-1660*. Leiden: Institute for the History of European Expansion.

Viallé, Cynthia & Blussé, Leonard 2010. *The Deshima Dagregisters: Vol. XIII: 1660-1670*. Leiden: Institute for the History of European Expansion.

Volz, John R. 1913. Diego Collado, in Herbermann, Charles G.; Pace, Edward A.; Fallen, Condé B.; Shahan, Thomas J. & Wynne, John J. (SJ) (Hg.): *Catholic Encyclopedia: An International Work of Reference on the Constitution, Doctrine, Discipline, and History of the Catholic Church*. New York.

Voss, Gustav & Cieslik, Hubert (SJ) 1940. *Kirishito-ki und Sayōyoroku: Japanische Dokumente zur Missionsgeschichte des 17. Jahrhunderts*. Tōkyō: Sophia University. (Monumenta Nipponica Monographs, 1).

Wachal, Christopher 2011. *Pax Ecclesia: Globalization and Catholic Literary Modernism*. Dissertation. Loyola University Chicago. Chicago.

Winnerling, Tobias 2014. *Vernunft und Imperium: Die Societas Jesu in Indien und Japan, 1542-1574*. Goettingen: Vandenhoeck & Ruprecht.

Woolley, William A. 1881. Historical Notes on Nagasaki, in *Transactions of the Asiatic Society of Japan* 9, S. 125-151.

Wuthenow, Ralph R. 1980. *Die erfahrene Welt: Europäische Reiseliteratur im Zeitalter der Aufklärung*. Frankfurt am Main: Insel.

7.3 Register

Accarias de Serionne, Jacques 53
Amsterdam 56, 65, 79
ana-tsurushi 19, 20
Anquetil, Louis Pierre 84
Apostasie 5, 19f., 22, 32, 39-42, 44-49, 88
Arima 16, 28
Arroyo, Alonso 43
Aufklärung 73
Augenzeuge 19, 32, 34, 47, 69, 74, 85
Augustiner 40
bakufu 8, 24, 44, 88
Barclay, Patrick 84
Batavia 56, 65, 79
Bijlvelt, Wilhem 43-45, 58f.
Bilderstürme 52, 64
Blomhoff, Jan Cock 31
Boockesteijn, Pieter 34, 54, 64
Botaniker 66
Breskens (Schiff) 43, 58f.
Brücke an der Helme 65
Buddhismus 22-24, 30, 33f., 36, 46
bugyō 17, 19-21
Bungo 18, 31, 33, 75
Busk, Margaret Blait 85
Caesar, Martinus 55, 57, 64
Calvinisten 45, 64
Camphuis, Johannes 75
Capece, Antonio 43
Caron, François 70
Carvalho, Diego 40f.
Carver, Jonathan 84
Cassola, Francesco 43
Chiara, Guiseppe 43, 46f., 49
Chikuzen 43
Chinesen 55-57
Christengefängnis s. *kirishitan yashiki*
Christenverbot 27
Christenverfolgung 4f., 8-11, 15f., 18, 21f., 25, 28, 41f., 70, 81, 87
Cleyer, Andreas 65, 70f.
Collado, Diego 47
Collyer, Joseph 84
Congregatio de Propaganda Fide 47
da Silveira, Gonçalo 46
daghregister 13f., 34, 37, 43, 47, 50, 54-57, 60, 63f., 80, 89
daimyō 17, 25, 33
danna-dera 23
de Fontaney, Joannis 55
de Morales, Diego 43
Dechristianisierung 25
Denunziation 24
Descartes 72
Deshima 6, 8f., 14, 29, 50, 53f., 56, 63, 65f., 68f., 72, 75, 77, 79f., 89

Devotionalien 16f., 31, 37
Diaz, Manuel 41f., 46
Doeff, Hendrik 6, 13, 53-56, 65, 79-85, 89
Dolmetscher 44, 75
Dominikaner 28, 40, 47
Dreißigjähriger Krieg 71, 77
Dresden 66
Edikt 17, 21
Edo 4, 8, 10, 22, 31, 43, 49
Eid 20, 48, 55
Engländer 9, 18, 57, 59f., 79f., 84f.
Faktoreiarzt 65, 72
Familientempel s. *danna dera*
Fenning, Daniel 84
Ferreira, Cristovão 41f., 44, 46-48, 88
fistsja 35
Flamen 59
Folter 9, 19, 32, 41-43, 46, 61
Fortuyn, Pim 53
Francisci, Erasmus 32, 51
Franziskaner 28
fumi-e 29-31, 36, 38
Fünferschaftssystem s. *gonin gumi*
Gemelli-Careri, Giovanni Francesco 51, 55
Gen'emon Eisei Imamura 75
Gonçalez, Antonio 47
gonin-gumi 22f., 23f., 36, 88
Gotō-Inseln 33
Grafschaft Lippe 71
Großbritannien 83
Gunzō, Watanabe 48
Gysbertszoon, Reyer 18f.
Handel 7, 9, 18, 50-52, 55, 57, 77, 81, 83, 89f.
Harris, Townsend 27
Hazart, Cornelius 42
Heeren Zeventien 50
Hexenprozesse 77
Hexenverfolgung 71
Hinrichtung 18
Hirado 18, 33, 50
Hizen 33
Hōjō Ujinaga Awa-no-kami 22
Hurd, William 84
Ikonographie 30
Indijck, Hendrick 20, 32, 37, 54, 63f.
Inoue Masashige Chikugo-no-kami 20, 22, 25, 34, 38, 46, 61
Inquisition 5, 9, 19, 22, 25f., 28, 32, 34f., 38f., 45f., 61, 65, 67, 75
Inquisitionsbehörde 15, 20, 22, 26, 34, 36, 40, 41, 45f., 61, 87
Iren 60
ita-e 28-31
Italiener 43
Java 80

Jesuiten 7, 12, 16, 18f., 28, 38, 41-44, 46, 49, 51, 55, 58, 76, 90
Juden 70
Kaempfer, Engelbert 6, 13, 26, 34f., 52, 54-56, 65, 68, 71-78, 89
Kao, Dionysius 51f., 55
Karatsu 33
Katholiken 8, 12, 38, 55, 59, 61, 65, 89f.
Kengi-roku 46
kirishitan yashiki 31f.
kirishitan-shūmon-aratame-yaku 21
Kirishito-ki 15, 20, 22, 32, 34, 38, 41, 44f.
Kiyōzakki 47f.
Kolonisierung 7
Königsberg 72
Konvertiten 17
Konzil von Trient 16
Kopfprämien 24
Krakau 72
kulturelle Konditionierung 87
Kumamoto 27
Kunstakademie 16, 28
Kyōto 17
Kyūshū 7, 24, 33, 43, 57
Lagoda (Schiff) 57
Landesabschließung 8, 78, 89
Landesöffnung 26, 88
Lawrence (Schiff) 57
Le Jeune, Pierre Claude 53, 62
Le Maire, Maximilian 63
Leiden 72
Lemgo 71f., 76-78
Loyalität 24, 26, 38, 88
Lutheraner 66, 70f., 79
Macao 9
Manila 47, 49
Marques, Pedro 43
Märtyrer 19f., 39-41
Mayeda Gen-i 17f.
meakashi 46
Medaillons 28-30
Meister, Georg 6, 13, 34f., 54, 56, 65-71, 74, 85, 89
Mendes de Moura, Manuel 41
Meszinski, Alberto 43
Millar, George Henry 84
Millot, Claude François Xavier 51
Missionare 5, 7, 9, 12, 17f., 22, 28, 39-46, 48, 51, 56-59, 61, 65, 76, 87, 89
Missionierung 16f., 37, 49, 76
Mizuno Kawachi-no-kami 19, 21
mokuba 19f.
Moll, Herman 84
monban 35
Montanus, Arnoldus 44f., 58f.
Morioka 43

Moskau 72
Nachbarschaftsgruppe s. *gonin gumi*
Nagasaki 18-21, 27, 31, 33-35, 42f., 46f., 50, 54f., 57, 63, 74f., 81
Namura Gonpachi 75
napoleonische Kriege 80
Narabayashi Chinzan 75
Nationaal Archief Den Haag 14, 45
Nationalmuseum Tōkyō 29, 31
Neujahreszeremonie 33
Niederlande 80
Niederländer 8f., 12-14, 18f., 26f., 33, 43f., 50-64, 75-77, 81-85, 89f.
Niederländische Ostindien-Kompanie s. *VOC*
nitzi josi 35
Oda Nobunaga 17
ogumi oja 35
Oka 31
Ōmura 25, 33, 75
opperhoofd 6, 13, 31f., 34, 37, 41, 43, 50, 55-57, 60f., 61-65, 69f., 75, 79, 85, 89
Ōshima 43
Ōta Bitchū-no-kami 42
ottona 35
Overtwater, Pieter Anthonijsz 41, 43f., 47
Palha de Almeida, Vasco 42
Persien 72
Philippinen 9
Polen 43
Poppe, Johann Friedrich 51, 62
Porro, Giovanni Battista 42, 46, 47, 49
Portugiesen 7-9, 17, 41f., 46, 49f., 52, 61, 68
Protestanten 18, 59, 64, 66, 79
Psalmanaazaar, George 62
Raffles, Thomas Stamford 80, 83
Rautenstrauch-Joest-Museum Köln 31
Religionsministerium Tōkyō 31
Return (Schiff) 57
Ro Sōsetsu 48
Rubino, Antonio 42-45, 47, 49, 58, 61
Russland 26
Ryōhaku 48
Ryōjun 48
sakoku 8, 21
Salomon, Thomas 51
Samurai 33
San-Felipe-Zwischenfall 17
Satsuma 41, 59
Sawano Chūan s. Ferreira, Cristovão
Sayō-yoroku 32

Schaep, Hendrick Cornelius 43-45, 58f.
Schiffbrüchige 59
Schmuggel 71
Scholte, Rob 53
Schotten 59
sengoku-Periode 17
Shimabara 23, 27, 33, 42
Shimabara-Aufstand 23, 42
Shintōismus 24
Shōgun 25, 49, 61
Shōgunatsregierung s. *bakufu*
Sicardo, Joseph 40
Six, Daniel 50
Societas Jesu s. Jesuiten
Spanier 17, 40, 43, 50, 52, 61
Stadtkommissariat 31
Swift, Jonathan 52, 85
Takenaka Uneme-no-sho 20
Tant, Gideon 60-62, 64
Tempelregistrierung s. *shūmon-aratame-chō*
tera-uke 23
Thanner, Mathia 42
Thunberg, Carl Peter 36, 65, 81
Thüringen 65
tōjin-yashiki 55
Tokugawa 8-10, 24, 74, 78, 87f.
Tokugawa Iemitsu 18, 21
Tokugawa Ieyasu 18
Toyotomi Hideyoshi 17f., 23
Tretbilder 5, 25, 27-31, 33, 35
Tsuge Shin'uemon 31
Übersetzer 69, 73
Untertanenkontrolle 4f., 10, 21f., 74, 78f., 87f.
Uppsala 72
USA 26f.
Usuki 33
Valignano, Alessandro 16
van Elserack, Jan 43, 45, 47, 61
van Haaren, Onno Zwier 53, 60, 81, 83
van Overmeer Fischer, Johannes Frederik 53
Vergil 78
Vietnam 25
Visitator 42, 46
VOC 5f., 13, 18, 50f., 53f., 56, 60f., 63, 65, 68, 72, 74, 79, 83, 89f.
Voltaire 52
von Siebold, Philipp Franz 73
Xavier, Francisco 7, 16
Xú Nam 25
Zensusmaßnahme 26, 30, 52, 54, 62-64, 67

Aus dem Verlagsprogramm

Akutagawa, Ryūnosuke - *Kappa*
87 Seiten, ISBN 978-3-945058-14-5

Couperus, Louis - *Japanische Streifzüge*
182 Seiten, ISBN 978-3-945058-00-8

Dauthendey, Max - *Den Abendschnee am Hirayama sehen*
69 Seiten, ISBN 978-3-945058-13-8

Doblhoff, Josef von - *Chillonius in Japan*
148 Seiten, ISBN 978-3-945058-10-7

Franz Ferdinand von Österreich-Este – *35 Tage in Japan*
156 Seiten, ISBN 978-3-945058-16-9

Hearn, Lafcadio - *Japan - ein Deutungsversuch*
303 Seiten, ISBN 978-3-945058-07-7

Hearn, Lafcadio – *Kwaidan*
125 Seiten, ISBN 978-3-945058-04-6

Lerch, Klaus - *Das Atelier des Kusakabe Kimbei*
97 Seiten, ISBN 978-3-945058-01-5

Lerch, Klaus (Hrsg.) - *Unheimliche Geschichten aus Japan*
99 Seiten, ISBN 978-3-945058-03-9

Mohl, Ottmar von - *Am japanischen Hofe*
213 Seiten, ISBN 978-3-945058-02-2

Müller, Igor; Akiyama, Reruhi - *Kyōto – Tanka*
92 Seiten, ISBN 978-3-945058-06-0

Müller, Igor; Akiyama, Reruhi - *Nara – Haiku*
91 Seiten, ISBN 978-3-945058-08-4

Stuckenschmidt, Dierk - *Todai-ji*
383 Seiten, ISBN 978-3-945058-11-4

Hibarios Verlag
Königstraße 110, 41564 Kaarst,
www.hibarios-verlag.de, Info@hibarios-verlag.de